SDNCS

荷兰新加尔文主义丛书
Studies in Dutch Neo-Calvinism Series
陈佐人 曾劭恺 徐西面 ◎主编
蒋亨利 李鹏翔 朱隽皞 ◎编委

基督教与世界观

Christendom en Wereldbeschouwing

作者 赫尔曼·巴文克（Herman Bavinck）
英译 朱隽皞
荷译 徐西面
编辑 徐西面

© Latreia Press, 2022

作者 / 赫尔曼·巴文克（Herman Bavinck）
编辑 / 徐西面
英译 / 朱隽皞
荷译 / 徐西面
中文校对 / 甘雨，若凡

中文书名 / 基督教与世界观
荷文书名 / Christendom en Wereldbeschouwing
所属丛书 / 荷兰新加尔文主义丛书
丛书主编 / 陈佐人，曾劭恺，徐西面
丛书编委 / 蒋亨利，李鹏翔，朱隽皞

All rights reserved.
The English translation of *Christian Worldview* © Nathaniel Gray Sutanto, James Eglinton, and Cory C. Brock, 2019. Originally published in English under the title *Christian Worldview* by **Crossway, 1300 Crescent Street, Wheaton, Illinois 60187, USA**.

The English translation of *Christian Worldview* is published by arrangement with Crossway. No Part of this book may be reproduced or transmitted in any form or by any means, electronic or mechanical, including photocopying, recording, or by any information storage or retrieval system, without permission in writing from the publishers. For information, address **Latreia Press, Hudson House, 8 Albany Street, Edinburgh, Scotland, EH1 3QB**.

Chapter 1 of this book was translated from Herman Bavinck, "De hedendaagsche wereldbeschouwin," *De Vrije Kerk* 10 (1883): 435-461

策划 / 李咏祈，徐西面
内页设计 / 冬青
封面设计/ 冬青
出版 / 贤理·璀雅出版社
地址 / 英国苏格兰爱丁堡
网址 / https://latreiapress.org
电邮 / contact@latreiapress.org
中文初版 / 2022年

ISBN：978-1-913282-12-7

目录

荷兰新加尔文主义丛书序言..................................01
引言：从当代世界观到基督教世界观（徐西面）..................05

第一章 当代世界观..................17
一. 当代世界观的形成..................21
二. 当代世界观的内容..................27
三. 当代世界观的价值..................34

第二章 基督教世界观..................41
巴文克的世界观刍议（曾劭恺）..................43
  1. "对立"与"兼容"的张力..................44
  2. 从坎彭到阿姆斯特丹：本书背景..................47
  3. 巴文克的兼容主义..................49
  4. 结语..................57

英译本致谢..................59
英译本引言：面向21世纪的赫尔曼·巴文克..................61
  1. 基督教世界观的轮廓..................62
  2. 对文本的说明..................67

第二版巴文克序..................69
一. 导论..................71
二. 思想与存有..................79
三. 存有与成有..................97
四. 成有与行动..................123

索引..................151

荷兰新加尔文主义丛书序言

　　荷兰新加尔文主义是在现代荷兰王国的历史中发展出来的重要基督教神学传统，在普世基督教神学中独树一帜。若要认识欧洲低地国历史与现代西方神学的发展，荷兰新加尔文主义是极之重要的文化源流与神学思想传统。

　　16世纪的欧洲出现了风起云涌的宗教改革运动，当时在鹿特丹的伊拉斯谟提倡温和改革的路线，与德国马丁路德的改教运动分庭抗礼。17世纪被称为宗教战争的时代，当时的低地地区与西班牙爆发80年的战争，史称低地荷兰大反抗（1568-1648）。低地国联合起来成立了荷兰共和国，长期的经济繁荣促成了重商主义的兴起。1648年的明斯特和约结束了对西班牙的战争，成为了低地迈向国家化的重要里程碑。这时期产生了著名的多特会议（1618-1619）。内忧外患的时局成为这场神学论争的背景，好像在英国内战时召开的西敏大会（1643-1649）。历史家统称荷兰共和国为荷兰的黄金时代，一百五十万人口的低地国竟然创立了东印度与西印度公司，成功地建立了庞大殖民版图的帝国。这时期是笛卡尔、斯宾诺莎、伦勃朗的黄金时代。

1789年的法国大革命将荷兰再次卷进战火，1795年拿破仑挥兵席卷低地，结束了二百多年的荷兰盛世。1813年尼德兰（即低地）联合王国成立，包括荷兰、比利时与卢森堡，但这个短暂寿命的王国随着比利时与卢森堡的独立而瓦解。1839年《伦敦条约》承认比利时独立，现代的荷兰王国正式成立。本系列的思想家之一亚伯拉罕·凯波尔出生于1837年，即《伦敦条约》之前两年。

本系列的两位神学思想家都出生于现代的荷兰，逝世于二战爆发之前：亚伯拉罕·凯波尔（1837-1920），赫尔曼·巴文克（1854-1921），他们两位的人生旅途与思想轨迹都满布着荷兰历史的足印。另一位较年轻的是霍志恒（1862-1949），因从小就移民美国，他成为荷兰新加尔文主义在美国的主要代表人物之一。

为什么我们需要认识与了解荷兰新加尔文主义？首先荷兰新加尔文主义者均是著作等身的思想家，他们的著作被后世公认为神学的经典。单从神学思想史来看，阅读这些荷兰神学家的原典文本，可以丰富中国学界神学视野。今天许多英美神学的重要问题都可以追源至荷兰的改革宗神学，如果英美改革宗神学像1620年的五月花号客船，那整个荷兰加尔文主义的大传统就像是那艘先从鹿特丹出发的史佩德威尔号。

第二，荷兰新加尔文主义与荷兰历史之间错综复杂的关系提供了许多重要的参考，使我们可以反思宗教与文化及社会的关系。荷兰没有产生自己的路德或加尔文，他们在漫长国家化的历史中接受了加尔文主义的神学思想，并且进行了全面荷兰化的改造，这在世界历史中是独特的。因着历史与地理的差异，荷兰与其他主要的基督新教国家不同。他们的目的似乎不是单纯地将阿姆斯特丹变成日内瓦，而是自觉地要建立一个低地的王国或共和国。这个国家化过程的对手不是君主制，所以他们不需要像英国清教徒一般地去处死查尔斯一世。这些荷兰神学家的著作为我们提供了饶富启发性的历史蓝本，使我们可以进一步透视宗教与现世处境的关系。

神学与世局有千丝万缕的关系，自古已然。从奥古斯丁的《上帝之城》到路德与加尔文的著作，无不具有独特的历史与政治背景，同时他们的文本也成为神学的经典。同样地，笛卡尔、康德与黑格尔的哲学名著也具有特定的历史处境，但他们的作品却是自成一个意义的世界，作为纯粹思想探寻的文本。荷兰新加尔文主义者的著作是神学思想史上的杰作，但同时是与他们的荷兰世界密不可分。这种可区分但不可分离的关系正是我们阅读文化经典的原因：从思想来反思处境，从处境来透视思想。

　　第三，荷兰新加尔文主义为我们提供了对基督教教会本质的反省。这是耐人寻味的问题。作为大陆中小岛的荷兰每时每刻都在与大洋搏斗，这种存在的危机根本不容许荷兰有内战，荷兰国家化过程的敌人全是周围虎视眈眈的帝国：西班牙、拿破仑与纳粹德国。但这种同仇敌忾的国族危机并没有产生教会的合一；相反地，荷兰教会的分裂是著名的。许多教会历史课本常调侃荷兰特色的基督教：一个荷兰人是神学家，两个荷兰人组成教会，三个荷兰人便会教会分裂。从17世纪的多特会议到亚伯拉罕·凯波尔在1880年代的教会出走运动，荷兰教会一直在极度激化的纷争中。正如霍志恒在普林斯顿神学院的同僚沃菲尔德定义改教运动说："从内部而言，改教运动是奥古斯丁的恩典论至终胜过了他自己的教会论。"从表面来看，荷兰新加尔文主义者似乎也秉承了此种宁为玉碎、不为瓦全的分离主义。但新加尔文主义的健将凯波尔却定义加尔文主义为整体的世界观与生活体系，并且提倡普遍恩典的概念来整合一套具兼容性的神学与治国理念。研究荷兰新加尔文主义可以帮助我们去思想基督教的教会理论中的两大张力：大公精神与分离主义，就是大一统世界观的传统教会与倾向完美主义观的小教派。如何两者兼并而非各走极端，这是阅读新加尔文主义对我们的启迪。

　　第四，荷兰文化与中国文化都曾经拥有黄金时代的光辉历史，并且二国至今仍然是世界舞台上欣欣向荣的文化国家。荷兰人缅怀他们的黄金时代，就是法国的笛卡尔、犹太教的斯宾诺莎、加尔文主义艺术家伦勃朗、基督公教画家弗美尔、阿民念主义的法学家格劳秀斯，还有一群毅然投奔怒海的史佩德威尔号的漂游客，这群人组成了一幅五彩缤纷的马赛克。中国的黄金时代亦是如一幅连绵不断数千年的光辉灿烂的精致帛画，是如此美不胜收，教人目不暇接。阅读荷兰新加尔文主义的著作可以为广大的中国学者与读者提供一个具有文化亲近性的西方蓝本，借此来激发我们在中国文化的处境中去寻求创新与隽永的信仰与传承。

本系列的出版可以为广大读者提供高水平而流畅的翻译，使大家可以更深入地了解荷兰文化与神学思想的精妙。这是一套承先启后，继往开来的出版企划，希望广大的读者从中获益。

陈佐人
美国西雅图大学神学与宗教研究副教授
2019 年 10 月 29 日

引言

从当代世界观到基督教世界观

徐西面

1883 年对于巴文克而言是重要的一年。自三年前从莱顿大学取得神学博士后，巴文克便来到弗拉纳克（Franeker）的基督教归正教会牧会。尽管如此，他在当时的志向就是要成为一位科学性地（wetenschappelijke）研究神学的学者。[1] 这一志向最终在 1883 年得以初步实现。1882 年 9 月，巴文克被荷兰基督教归正教会总会议任命为坎彭神学院（Kampen Theological School）的神学教授。1883 年 1 月，巴文克正式就职，开启了之后 38 年的学术研究生涯。

在入职的 1883 年，巴文克就发表和出版了一些可以预见他今后神学发展与特质的重要著作。譬如，他所出版的《神圣神学的科学》（De Wetenschap der Heilige Godgeleerdheid）是首次尝试精确定义何为神学的著作。[2] 这本小册书籍是巴文克在坎彭神学院的就职演说。他针对神学世俗化的问题，阐述了如何在现代时期实践神学的科学性，并从科学性神学的原则、内容和目的予以论证。笔者的博士论文已经说明，这本小册子所阐述的观点，铺陈了巴文克今后在科学性神学方面的发展。

1. 当代世界观

在这一年，巴文克的另一重要著作就是《当代世界观》（De hedendaagsche wereldbeschouwing）一文。[3] "世界观"（wereldbeschouwing）一词在巴文克的思想体系中尤为重要。巴文克学者约翰·博尔特（John Bolt）论到："巴文克的世界观扎根于上帝的三一存有。"[4] 故此，巴文克的世界观是从自身的神学体系

---

[1] James Eglinton, *Bavinck: A Critical Biography* (Grand Rapids: Baker Academic, 2020), 112.

[2] Herman Bavinck, *De Wetenschap der Heilige Godgeleerdheid* (Kampen: Zalsman, 1883).

[3] Herman Bavinck, "De hedendaagsche wereldbeschouwing," *De Vrije Kerk* 10 (1883): 435-461.

[4] John Bolt, *Bavinck on the Christian Life: Following Jesus in Faithful Service* (Wheaton: Crossway, 2015), 143.

衍生而出，并且他对世界观的论述建立在三一上帝的创造、救赎和完满的基础上。于是，巴文克对世界观的定义就以三而一的上帝为根基：

> （人）不能满足于简单的观察，或只表达事物"是什么"（dat）。他还会询问"为什么"和"如何"，查问原因和结局。他明白自己内在地被迫使将一切现象简化为一个原则（beginsel），将它们概括成一个看法，并从中推导出一个观点，成为他行动的准则。诚然，他尝试获取一种万物和世界的概念。这些万物属于一个整体，且彼此相连，而世界有其最深的根基和最终的目标。他从这个概念出发，而此概念也被应用于他的一切行为。[5]

此定义性论述清楚表明，巴文克坚信世界观的一个特征就是"一"。人会寻觅"一个原则"，一致地应用于生活，而且尝试在概念上将万物结合为一个和谐的整体。这种带有"一"特性的世界观，贯穿了巴文克一生的思想发展。

在〈当代世界观〉一文中，巴文克的主要目标不是建构一套世界观体系，而是概括性地分析他那个时代占主导地位的思潮，以及由此形成的对世界和生活的看法。出于此目的，巴文克从三个角度来剖析当代世界观：形成、内容和价值。

巴文克先描述当代世界观的形成。他首先将他那个时代的世界描述为"五彩缤纷的多样性"。值得注意的是，在巴文克眼中，这种多样性并非褒义，而是指向一种混乱的现象。这种混乱的现象有两个根源。其一是自笛卡尔开始的理性主义，经康德之后，在费希特、谢林和黑格尔的观念论中达到巅峰。其二是唯物主义，借着现代时期的工业革命和自然科学的发展而得以强化。巴文克认为，"观念论者和唯物主义者携手共建同盟，以反抗宗教改革

---

[5] 见下文 19 页。

的原则和精神，抵制基督和祂的教会，抵挡永活的上帝，就是这位天地的创造者"。⁶

巴文克继续探究他那个时代世界观的内容。在他看来，观念论和唯物主义虽然看似不同，实则互为表里。"二者都否定超自然、永恒和属灵的世界，以其为私密、自立和自我依赖的世界，并在本质、律和运作上与我们周遭可见的世界完全不同。二者都从自然出发，视自然为永恒的生命，并且自然在自身里面、出于自身并朝向自身而运动。"⁷ 总归而言，观念论和唯物主义都是泛神论。⁸ 这两种泛神论变体，不只是在智性层面影响现代人，而且在生活层面带来了巨大影响。"上帝和人之间的差异被废除，之后人与动物之间的差异也消失殆尽，甚至会更进一步，破坏人与人之间的差异。"⁹ 虽然巴文克斥责他那个时代的多样性为混乱，但是他绝非赞同泛神论式的消除差异。相反，巴文克反对这种泛神论式的大一统，而主张在生活的各个领域理当存在差异性。在此，巴文克特别提到，施莱尔马赫将泛神论带入了神学之中，模糊了超自然和自然之间的界线，试图要在自然中寻找超自然。巴文克断定，当代世界观完全逆反了上帝与自然的次序。一个合理的次序应是："上帝是万物的源头、标准和目的；祂不能依照任何事物而被解释，而万物都要出于祂才能被解释。"¹⁰

巴文克虽然对他那个时代的世界观有诸多批判，但也绝非全盘否定。他强调："一项错谬在面对有关真理的片面阐述时，也会有一些正当性；而这些片面阐述正出自真理本身。"¹¹ 他肯定当代世界观中蕴含真理，并且"给艺术和科学、商业和工业、人类

---

⁶ 见下文 26 页。
⁷ 见下文 27 页。
⁸ 巴文克对泛神论的定义宽泛，也包括了万有在神论（panentheism）。
⁹ 见下文 30 页。
¹⁰ 见下文 33 页。
¹¹ 见下文 34 页。

整个属世生命都带来益处"。¹² 值得注意的是，巴文克在强调肯定当代世界观的价值时，也提醒读者要提防当代世界观对神学之科学性地侵蚀。他论道：

> 神学有其自身原则、方法、内容和目标。所赋予其他科学的完全自由，我们认为也是神学科学应有的权利。神学只受自身的约束，受其原则和客体的约束。因此，我们无须在敬虔意识的移动波浪中，在心思的各类范畴中，在理性和良知的观念中，而只在上帝祂自身中，寻觅神学的根基和确定性。唯独上帝是神圣神学的原则、内容和目标。神学首要持守的就是上帝的荣耀，无条件地接受祂的圣言，唯独受祂灵的引导。我们必须全力抵挡这些哲学家在神学中所引发的革命。¹³

由此可见，巴文克对他那个时代世界观的批判性鉴赏，依托于他自身对神学本质的看法。换言之，何为科学性神学成了一个概念性工具，被巴文克用来反驳当代世界观。同时，科学性神学也成了一片棱镜，巴文克借此进而与他那个时代的思潮互动。

巴文克的〈当代世界观〉一文，虽只是剖析西方现代哲学，以及这些思潮对西方世界发展的影响，但他在文中已经阐明了一些基本原则，用以建构科学性神学。其中有两条重要原则尤为显著。第一，因着世界乃上帝所造，基督教并非与世界分离，而是与世界的文化和思想的发展紧密相连。在巴文克的描述中，当代世界观的一个特征就是反对上帝，这位天地的创造者。而这种反对恰恰说明了这世界观与基督教的联系。不仅如此，据巴文克的分析，这种世界观对上帝的敌对乃衍生自基督教；这是因为当代世界观的倡导者们"从基督教中提取一些极佳的观念，并将它们纳入自

---

¹² 见下文 35 页。
¹³ 见下文 39 页。

己的思想中"。[14] 因此，这种反对上帝的世界观恰恰说明了基督徒与这世界，以及与这世界的思潮之间，有不可分割的关联。第二条重要的原则是，巴文克拒绝用"零和"进路来处理基督教与这世界的关系。基督教对世界思潮的回应不能是非此即彼。他肯定当代世界观中有许多真理的洞见，并确实带动了人类社会的发展。因此，巴文克所提倡的策略是，基督教应秉持对三一上帝的信仰，批判性地吸收当代世界观。

2. 基督教世界观

在撰写《当代世界观》时隔21年后，巴文克于1904年出版了《基督教世界观》，并在1913年出了修订版第二版。[15] 关于《基督教世界观》的概览，下文〈英译本引言：面向21世纪的赫尔曼·巴文克〉已有介绍，此处不予赘述。笔者在此所要探究的，是《当代世界观》与《基督教世界观》之间的联系。

虽然过了21年，从19世纪进入了20世纪，但是巴文克对现代世界的评断保持不变："这个时代缺少一个'合一的'（einheitliche）世界观和生活观（wereld- en levensbeschouwing）。"[16] 巴文克先前使用了贬义的"多样性"，此时则用了直接的否定性描述，即不统一的世界观和生活观，来描述他所在时代的思潮。但是，这并非说巴文克忽视了时代的变迁。他指出，19世纪的"科学唯物主义、宗教现代主义、道德功利主义、审美自然主义和政治自由主义"，都已经过去了。[17] 如今，人们越发转向神秘的观念论，与超自然有关的概念也回归各个研究领域。尽管如此，巴文克道出一个不变的现象，即这个时代的世界观仍要将基督教驱逐。

---

[14] 见下文 22 页。
[15] Herman Bavinck, *Christelijke Wereldbeschouwing* (1st ed. Kampen: J. H. Bos, 1904; 2nd ed. Kampen: J. H. Bos, 1913).
[16] 见下文 72 页。
[17] 见下文 72 页。

与〈当代世界观〉相仿，《基督教世界观》也着眼于观念论对基督教世界观的冲击。从全书架构来看，我们可以说巴文克是围绕对观念论的回应而展开论述。这是因为《基督教世界观》围绕"存有"（being）和"成有"（becoming）两个概念来论述，而这两个概念正是19世纪德国观念论中极为重要的元素。[18] 虽然〈当代世界观〉也对观念论有诸多论述，但是并无《基督教世界观》般全面和深入。不仅如此，《基督教世界观》还着重探讨了达尔文的进化论对世界观的影响。在巴文克看来，观念论和进化论都牺牲了存有，而让成有占据主导地位。

〈当代世界观〉与《基督教世界观》另一重大不同点在于，后者发展出了一套有机世界观来回应来自巴文克时代的世界观的冲击。虽然巴文克在1883年的文章中已觉察当代世界观的挑战，但是他并未有力地发展一套体系予以回应。他当时只是简单地强调，基督教理应持守对三一上帝的信仰，并维护神学独立的科学性，以此回应那个时代的思潮。在《基督教世界观》中，面对存有和成有的难题，以及缺乏合一的世界观的现状，巴文克认为只有有机世界观才能提供解决方案。他论道：

> 只有当我们将机械性和动态性世界观转变为有机世界观时，才得以公道地处理合一性和多样性，以及存有与成有。根据这种有机世界观，世界绝非是单一维度的；相反，它包含了存有的丰盛，现象的千变万化，被造物的丰富多样性。这种"事物的多样性是整个世界进程的先决条件，因为此进程应会引起原先本身不存在的事物。"无生命的和有生命的、无机的和有机的、无生气的和有生气的、无意识的和有意识的、物质的

---

[18] 有关19世纪德国观念论中对"存有"和"成有"之探讨的纵览，见 John Laughland, *Schelling versus Hegel: From German Idealism to Christian Metaphysics* (Aldershot: Ashgate, 2007), 11-36。

和精神的受造物，它们在特质上互为不同，但仍被纳入整体的合一。[19]

巴文克倡导有机世界观，显然是为了纠正那个时代的世界观模糊合一性和多样性、有机和无机、存有和成有之界线的错误举动。在巴文克看来，这种模糊界线之举动的结果，无非就是机械式的世界观，进化论正是如此。

尽管《基督教世界观》比〈当代世界观〉更全面和深入地探讨了当代世界观，并予以有力回应，但是读者会发现，〈当代世界观〉中两大重要原则在《基督教世界观》中显露无疑。第一，基督教与世界的文化和思潮紧密相连。巴文克在《基督教世界观》导论部分尖锐地指出，正是现代世界对基督教的拒绝，甚至对所有宗教的弃绝，导致了更多宗教的兴起，以及人们对各类哲学流派的信奉。巴文克再一次将基督教与世界文化思潮的涌动挂钩，从而指出基督教不应持出世的态度，冷眼旁观世界思潮的起起落落。第二，尽管巴文克对观念论、唯物主义、进化论、机械观等多加批判，但是他仍肯定众多哲学思想中所蕴含的真理，并予以接纳吸收。譬如，巴文克严厉批判达尔文主义，可是他认为进化论所包含的真理，就是显明世界万物发展具有"偶因"。用巴文克的措辞来表述，这些哲学思想中所蕴含的，只是"偶然的历史真理"（Geschichtswahrheiten）。又譬如，巴文克论道："《圣经》的教导与柏拉图主义之间的一致，以及《圣经》的智慧的教义并罗格斯的教义与希腊哲学的罗格斯思辨之间的一致，不能令我们忽视它们的巨大差异。"巴文克强调基督教与其他哲学体系的差异，但并不否认二者之间有一致之处。[20] 因此，巴文克延续了〈当代世界观〉中对"零和"进路的否定，而批判性地肯定他那个时代的文化和思潮，并积极回应其中对基督教构成挑战的内容。

---

[19] 见下文 108-109 页。
[20] 见下文 113-114 页。

3. 基督教和世界观

从〈当代世界观〉到《基督教世界观》，巴文克给我们 21 世纪的读者带来何种启发？尤其对于中文读者而言，巴文克对 19 世纪末和 20 世纪初西方世界观的回应，与你我有何意义？

首先，从〈当代世界观〉读到《基督教世界观》，读者可以看到世界观的概念和内容如何在巴文克的思想体系中形成。这一点对我们了解巴文克的整体思想尤为重要。巴文克过去被解读成一个在"正统"与"现代"之间来回摇摆的人。而笔者恩师恩雅各博士的著作已经推翻了这个理论，以有机主义重述巴文克思想的整体性。[21] 当今巴文克研究已经以此整体性为此领域的标准，继而探究巴文克如何在一个体系中纳入"正统"与"现代"。但是，学界迄今尚未有人从巴文克对世界观的剖析来进行此项研究。从〈当代世界观〉到《基督教世界观》的纵览，让我们意识到，巴文克从学术生涯伊始，就在争取借助"世界观"的概念，将"正统"与"现代"纳入一个体系中。这种进路和心志在 1883 年的〈当代世界观〉中跃然纸上，其体系在 21 年后的《基督教世界观》中臻至圆满。因此，"世界观"的概念为我们提供了另一个视角，得以整全性地审视巴文克的思想体系。

其次，巴文克对基督教与世界文化紧密联系的肯定，是对当代华人基督徒的重要提醒。虽然西方文化与基督教信仰彼此交融达上千年，但是巴文克在文中的剖析并非只是从文化角度来阐述。正如上文所说，他对世界观的论述建立在三一上帝的创造、救赎和完满的基础上。因此，他所得出的结论，即基督教与世界文化紧密联系，对华人基督徒仍是适用的。许多华人教会常常冷眼旁

---

[21] James Eglinton, *Trinity and Organism: Toward a New Reading of Herman Bavinck's Organic Motif* (London: Bloomsbury, 2012); Brian Mattson, *Restored to Our Destiny: Eschatology and the Image of God in Herman Bavinck's Reformed Dogmatics* (Leiden: Brill, 2012). 中译本见：恩雅各，《三位一体和有机体：赫尔曼·巴文克的有机主旨新释》，徐西面译（爱丁堡：贤理·璀雅，2020）。

观世界文化和思潮的起伏,似乎自身活在历史的真空中,关起教堂的大门,一昧追求暗室中的"敬虔"。于是,传统华人教会的教导中一直蛰伏着圣俗二分的思想。巴文克的论述乃一重要提醒:一个笃信上帝的救赎和完满之人,必然不是漠视上帝创造的人。

最后,巴文克对他那个时代世界观的批判性肯定,是对当代华人基督徒的另一提醒。圣俗二分可能导致漠视世界的文化,也可能带来对世界文化和思潮的完全敌对心态。一直以来,华人教会和神学院的圣经研究,相较于神学其他科目,都更加欣欣向荣。这固然是好事,令牧者和神学生有更扎实的《圣经》基础。可是,我们也不应忽视背后所隐藏的危机:只有《圣经》研究才是真正的神学教育。许多神学生已经潜在地否定了学习哲学与学习神学的关联,甚至将哲学归于人为思辨,而将神学尊为在圣灵中的敬虔。巴文克对19世纪各种思想的剖析和批判性的鉴赏表明了,上帝按祂意旨所喜悦的,仍在这世界文化中留下了有关祂的真理。与此同时,巴文克对基督教救赎的强调,则提供了批判性鉴赏这些偶然的历史真理的根基。

一言以蔽之,巴文克的〈当代世界观〉和《基督教世界观》,成文于两个不同的年代,但采用了两个相同原则来回应各类文化和思潮。虽然他直到在《基督教世界观》中才构建一套完成的有机世界观,但是三一上帝的创造、救赎和完满贯穿了巴文克世界观思想的发展,阐明了基督教如何面对不同时代的世界观,以及如何回应此起彼伏的各种思想。

01

第一章 当代世界观[1]

赫尔曼·巴文克

---

[1] 中注：本文译自Herman Bavinck, "De hedendaagsche wereldbeschouwing," *De Vrije Kerk* 10 (1883): 435-461。

> 泛神论乃19世纪最突出的异端。
> ——范普林斯特勒（Groen van Prinsterer）[2]

一旦人开始对自己和周遭事物有意识，他就尝试解释自己眼目所观察的现象。这是一种需要，存在于他那寻求合一和联系的灵之中。他不能满足于简单的观察，或只表达事物"是什么"（dat）。他还会询问"为什么"和"如何"，查问原因和结局。他明白自己内在地被迫使将一切现象简化为一个原则（beginsel），将它们概括成一个看法，并从中推导出一个观点，成为他行动的准则。诚然，他尝试获取一种万物和世界的概念。这些万物属于一个整体，且彼此相连，而世界有其最深的根基和最终的目标。他从这个概念出发，而此概念也被应用于他的一切行为。

根据当代的措辞，我们通常以生活观和世界观（levensen wereldbeschouwing）来命名这个概念。我们采纳这个措辞并非意指一个宽泛、短暂的看法，或不连贯之思想和概念的混沌。我们乃基于仔细观察，并有意识地就事物的整体，且根据它们的起源和目的来解释事物，从而用此措辞指向一条行动原则，一个行为之律，一项生命准则。

然而，大多数人并未形成这种世界观，更不用说以独立自主的方式形成这种世界观。我们都受先辈精神的影响。我们在他们的思想世界中出生并受教，而且在认知他们的思想和观点前就予以全盘接收。只有少数人有天赋在此领域中可以独立自主而行，让自己免于这种辖管我们众人的强大影响。即便如此，这些人经常未意识到自己仍受那种神秘和隐秘之灵的影响。[3] 此灵运行在世界中，完全敌对那位以教会为祂的殿而居住其中的圣灵。

---

[2] Groen van Prinsterer, *Ongeloof en Revolutie*, 217.
[3] 中注：这里的"灵"亦可译作"精神"。但是为了跟下文的圣灵形成对照，故译作"灵"。

故此，我们可以合理地论道，在我们这个时代，一种现代生活观和世界观主宰着每个人，在每个生活领域发挥影响；它是这个时代的灵，是一种一般性的动向、思考方式和奋斗目标，而基督教会的责任就是抵制这种生活观和世界观。之于神学家和每位基督徒，十分有必要了解这种灵，从而可以在必要之时装备自己抵挡它，与之争战。因此，请容我简略概述这种**当代世界观**。为此，请允许我在下文阐明此世界观**如何形成**，**有何内容**，**持何种价值观**。

一. 当代世界观的形成

如果我们在这个时代环顾四周，就会立刻震惊于五彩缤纷的多样性，以及我们眼目所触之现象的丰富。生活是多么的兴奋和欢腾！人们是何等喧闹！观点、概念和想法是何等混杂！言辞用语是何等混乱！这整体如同迷宫，其中未见通道、入口和出口。四处都在争辩；宗教、教会、政治和社会领域中都有结党和分裂。个人主义最为突出。与他人持相同观点而无己见，这被视为一种羞辱和缺乏独立人格的记号。事物之间彼此搅乱，相互拥挤。原则和奋斗目标的联系与合一无处可见。

正因如此，一个显著的行动就是，在此众现象的迷宫中得以发现一条线路，可以带领我们穿越这迷宫，并给这迷宫带来秩序。此外，这一切如此迥异和彼此冲突的观点、倾向和奋斗目标确实基于同一原则和思想。表象上只有差异、冲突和无穷的混乱，而更深入的观察就会在此发现原则、目的和系统的联系、连贯和合一。鉴于真理只有一个，谎言也就尝试效法这种合一。没有众罪，只有一项罪；没有诸般错误，每个世代只有一个错误，一个异端；它点燃了诸般异端，在每个人的头脑和心灵里煽动众多错误的思想。

这一个异端的不同观点和现象，无论表现得有多么不同，无非只是经过些许调整并进行众多应用。我们这个时代也有主导性的生活观和世界观；它不同于先前世纪的生活观和世界观，并与自宗教改革之后就占据人的头脑和心灵的生活观和世界观正面对决。思想世界和精神世界因而发生巨变，而社会和政治领域中的巨变只是前者的结果和体现。因此，我们自然要研究带来这些转变之人群中的卓越思想家；这些人在精神世界如巨星般闪耀。这些人群中有一些诗人和哲学家，他们扎根自己的时代，占据并吸收了那个时代，继而那个时代得到滋养和升华。他们掌控那个时代，留下他们精神的印记，用他们天赋的能力改变那个时代，为那个时代规范了一个崭新的道路和动向。那种崭新的世界观出现了，并只能出现于某些人的脑海中。这些人的精神充沛，创造力出众且丰富，因而他们占有完全独特的地位，身后只有一群逊色的模仿者追随。

当代世界观沿着两条道路铺设而成。其中一条思想路线从笛卡尔那里已然开始，后特别经康德得以延续，并在费希特（Fichte）、谢林（Schelling）和黑格尔手中终结。开启德国文学第二全盛期的所有伟大诗人，包括莱辛（Gotthold Ephraim Lessing, 1729-1781）、赫尔德（Johann Gottfried Herder, 1744-1803）、歌德（Johann Wolfgang von Goethe, 1749-1832）和席勒（Friedrich von Schiller, 1759-1805），都沿袭了这条相同的思想路线。这些人或多或少都受到了斯宾诺莎和康德哲学的影响，而非基督教的影响。他们的生活元素和生活内容不再是历史的基督教。吸引他们并令他们陶醉的，乃是古代的、异教的和普世人性的层面。他们不再立于永恒、不可见事物的世界，而是双脚站在属地的世界中。自然和艺术是他们的神祇；对真理、人性、教养（Bildung）和文化的追寻，占据了他们一切的思考和奋斗目标。从他们的著作中解读出所有支持或反对基督教的论述，并据此来确定这些著作中基督教的内容，这乃是狭隘琐碎的工作。纵使他们尝试从基督教中提取一些极佳的观念，并将它们纳入自己的思想中，但是他们靠着自己的精神和思想与历史的基督教对立。甚至如赫尔德，无论他多么推动了对旧约圣经的欣赏，他主要是特别钦佩希伯来人的语言和诗歌，因为他从中看到了人类精神的表达，而人性层面（het menschelijke）时刻并处处吸引了他全部的注意力和赞赏。

这些诗人用他们天才的双眼所搜索并灌入自己诗歌中的，都经这些思想家以逻辑方式推导而出，并形成一个系统。诗歌和哲学紧密相关。这些哲学家的领袖就是现代世界的苏格拉底：伊曼努尔·康德（Immanuel Kant，1724-1804）。范普林斯特勒认为，18世纪的特征就是：各个时代联系的破裂，以及对全新创造的荒唐追求。这也是康德的奋斗目标。他建议要回答以下问题：我们如何获得知识？他的目标是要探究我们知识的方法、根基和形式层面（formeele）。从前获取知识的途径是不可靠的，必须要开辟新的路径。于是，康德铺平了新道路。他说道："迄今为止，人们设定我们一切知识必须面向客体，但是沿着这条路径的一切尝试尚未达到任何结果。因此，我们应该尝试去探索。如果我们假设客体必须符合我们的知识，那么我们是否能在形而上学的工作任务中更进一步。"[4] 这就是康德所带来的巨变：我们不可转向客体，而是客体必须转向我们。于是，我们这一方并无接受能力，

---

[4] 中注：巴文克此处并未说明资料来源，而直接引用德文："Bisher nahm man an, alle unsere Erkenntniss müsse sich nach den Gegenständen richten, aber alle Versuche auf dieser Bahn haben noch zu keinem Ziele geführt; man versuche es daher einmal, ob wir in den Aufgaben der Metaphysik nicht besser fortkommen, wenn wir annehmen, die Gegenstände müssen sich nach unserem Erkennen richten." 巴文克此处实则改述了康德在《纯粹理性批判》第二版序言中的一段话："Bisher nahm man an, alle unsere Erkenntnis müsse sich nach den Gegenständen richten; aber alle Versuche über sie a priori etwas durch Begriffe auszumachen, wodurch unsere Erkenntnis erweitert würde, gingen unter dieser Voraussetzung zunichte. Man versuche es daher einmal, ob wir nicht in den Aufgaben der Metaphysik damit besser fortkommen, daß wir annehmen, die Gegenstände müssen sich nach unserer Erkenntnis richten, welches so schon besser mit der verlangten Möglichkeit einer Erkenntnis derselben a priori zusammenstimmt, die über Gegenstände, ehe sie uns gegeben werden, etwas festsetzen soll." Immanuel Kant, *Kritik der reinen Vernunft* (Hamburg: Felix Meiner, 1956), 19-20.

我们的精神中并无事物的反射。我们的精神本身是主动自主的，在认知中是活跃的，会在自身之外形成和创造事物；这些事物是为了我们的精神而存在。这样，康德留下了一种本相（noumenon）；它唤醒我们的精神进行认知活动，直到推动并引发这一认知。但是，理性的主权和自主性的强大且相应的丰富原则清晰可见。正是主体创造了事物，赋予它们以属性，并在时空中构思它们，根据心思的范畴将它们升华。物自身是不可知的，本相是无法理解的；奥秘的事完全是肤浅的，最好予以忽视。精神就是那唯一，且是全部。此外，灵魂、世界和上帝的观念是理性的产物，是认知官能的需求。这些观念的客观真实性无法证明。虽然康德试图透过实践理性重建他藉理论理性已经推翻的层面，但是他还是带来了巨变：主体是事物的创造者和塑造者，是独立自主的；存有（zijn）依托于思考（denken）。

费希特很快就从康德的原则推导出了结论。他首先规避了康德多余的"本相"，因而只剩下精神和**我**（Ik）。这个**我**不是个体，而是共相，是抽象、非位格性、纯粹的（reine）意识，是思考自身（denken an sich），就是在斯宾诺莎所提出的实质（substantie）的意义上的思考观念，即**我**是事物的源头和原则。**我**是绝对主动的，不仅创造了形式，也创造了物质。这个**我**如何产生一种**非我**（Niet-Ik），并将它与**我**形成对比呢？此问题的答案就是，一定要有对**我**的渴求和追求，从而**我**可以意识到自己的内容，并明白自己被迫要进行实践活动。然而，一切自我意识（zelfbewustheid）都具有局限性。所以，**我**假设**非我**是对立面，给自己设置障碍（Schranke），以至于尽管受限，却会向自我意识和知识苏醒。**我**在那作为对手（Widerstand）的**非我**中，为自己设立了一个客体（Gegenstand），从而**我**可以采取行动，从中寻获自身义务的素材，继而克服这种对立，缩减此局限性，使自身得以从被限制回归绝对。因此，正题（thesis）、反题（antithesis）、合题（synthesis）就是整个世界进程的缩写公式。

在斯宾诺莎主义（Spinozism）的影响下，谢林将这个**我**的理论扭曲为同一性体系（Identiteitssysteem）。尽管费希特认为**我**不是殊相而是共相，但是世界进程依旧具有主观特征。此外，**非我**是**我**的纯粹产物，只是消极被动的，仍旧是一种障碍；**非我**多少仍然反对**我**，并未与**我**合一。所以，这种对立依旧延续。谢林如此论述：精神和物质在绝对者中等同，是**同一**的两面和两种表现。精神与自然、理型和实在、主体和客体、思考和存有的完美合一在此得以表现。内在并无差异或区分的绝对者在理型和实在中出现，并在其中产生。存有就是上帝在万物中永恒的生，以及万物重新纳入上帝之中。

这种思想最终借黑格尔得以完全。黑格尔是客观性哲学的完全者，是绝对观念论的创造者。绝对者不仅在精神和自然中启示自己，不只是作为它们根基的实质（substantie）。绝对者本身就是整个世界进程的单一主体。绝对者就是一，又是一切。思考和存有是绝对的一。思考就是思考它自己。万物都是绝对精神的一瞬间。透过从最低到最高的连续一系列阶段，绝对者从它在自然中的外化疏离（Entäusserung）回归自己。因此，一切事物都融入绝对者的海洋，被它吞没。唯一剩下的就是**太一暨整全**（ἕν καὶ πᾶν）。绝对观念论在此得出了最终结论，显明了其全部思想内容。

正是这些哲学家完全颠覆了思想界。我们也是在他们的影响下出生并接受教育。然而，在这种观念论哲学之余，我们还需关注另一种塑造我们当今世界观的哲学。我指的就是唯物主义。在希腊罗马世界中，唯物主义被基督教攻克并压制，后经唯名论在某种程度上预备，在文艺复兴时期死灰复燃。然而，唯物主义被皮埃尔·伽桑狄（Pierre Gassendi, 1592-1655）只奉为一种哲学体系，后迅速蔓延到追求头脑清晰和生活实践、权力和财富的英格兰。唯物主义在英格兰寻获肥沃的土壤，得到众多追随者。当路易斯十四在1715年驾崩后，法国开始与英格兰有亲密接触；唯物主义借此传入法国。唯物主义在法国褪去了一切谦逊和尊荣，而这些在英格兰仍伴随着宗教和教会。在与感觉主义（sensualisme）和怀疑主义结合的过程中，唯物主义在法国大革命先驱中进入人的视野。这些先驱就是伏尔泰、卢梭，尤其是狄德罗（Denis Diderot, 1713-1784）、德拉梅特里（Julien Offray de La Mettrie, 1709-1751）等人。他们果敢地抨击基督教，反对一切属灵和不可见的事物。于是，思想界中的改变就在1789年的法国大革命中成形。这场革命转而增强了法国和全世界的唯物主义，而后者又借新兴工业和自然科学进一步被强化。唯物主义也渗透了德国。早在18世纪，唯物主义在德国不同地方就已得到了支持，尽管未能兴盛。1830年前后，观念论式的泛神论（idealistisch pantheisme）已达鼎盛时期，而且思辨的空洞也已被人发觉。那时，贸易和工业也开始在德国兴盛，许多观念论者转变为对立的唯物主义。观念论和唯物主义泛神论在那时是主导性的世界观和生活观，成为19世纪最突出的异端。正是在德国、英格兰和法国这几个定下基调的国家中，这种泛神论支配着两方面的趋势，并控制了生活每个领域中的一切现象。这包括了思考和存有的趋势，以及政治、教会和社会的趋势。因此，斯宾诺莎主义——相信一个既具有思考模式又能延伸的实质（substantie）——得以兴盛，并在我们国家被人奉为圭臬。虽然上个世纪的人认为斯宾诺莎面带"受斥责的记号"（signum reprobationis），但是他现在与莱辛、雅可比（Johann Georg Jacobi, 1743-1819）、歌德和施莱尔马赫一样，被尊为最伟大和最有洞察力的哲学家。纵观德国、英格兰和法国，观念论者和唯物主义者携手共建同盟，以反抗宗教改革的原则和精神，抵制基督和祂的教会，抵挡永活的上帝，就是这位天地的创造者。

二. 当代世界观的内容

在我们清楚了解当今起主导作用的世界观之起源的主要特征后，进一步在某种程度上了解它的本质和运作也十分重要。此世界观是以唯物主义还是观念论出现而流行，这无关紧要。在这两种情况中，它都是泛神论；唯物主义和观念论的关系非常紧密。根据历史，我们甚至可以证明这两种形式的泛神论虽看似截然相反，实则互相推动；这种亲密关系不言而喻。二者都否定超自然、永恒和属灵的世界，以其为私密、自立和自我依赖的世界，并在本质、律和运作上与我们周遭可见的世界完全不同。二者都从自然出发，视自然为永恒的生命，并且自然在自身里面、出于自身并朝向自身而运动。这就是当今哲学的起点和终点，因而就是异教哲学。在斯多亚和伊壁鸠鲁的体系中，对于现代唯物主义者而言，以及在费希特、谢林和黑格尔等观念论哲学家看来，这就是生命哲学。简而言之，唯物主义和观念论都是对同一种一元论体系的不同修正。观念论只在抽象中，在普遍的思考之律中找到精神，因而精神只能透过物质和感官事物变得具体。唯物主义者将上帝定义为囊括一切被赋予生命的物质，因而成了泛神论者。

泛神论的两个基本思想就是：（1）实质（substantie）就是一体（ééne）；（2）实质不在事物之上或之后，而是在事物之内，并自我显明。随着一切边界瞬时被抹除，超自然和自然、永恒和时间、上帝和人之间的差异也被废除了。与此同时，一切事物之间，就是有机物与无机物、人类与动物、真与假、善与恶之间的差异都消失了。一切事物都是一体（één），无处有信的开端，亦无更超越的开始。一切事物都必须要按动态的方式予以解释。创造必须让步于进化。太初并没有道，甚至没有行动，而只有无意识、非位格性的思考、观念，即盲目、非逻辑的意志，无意识的推动力，愚蠢、非神圣的本能（instinct）。此世界进程开始的原因并不清楚，任何一位泛神论哲学家都未能予以解释。冯哈特曼（Eduard von Hartmann, 1842-1906）简单地论道，纯粹、空洞之意志的绝对非神圣首先推动了世界的进程。异教的宇宙进化论以一种更加幻想的形式回归此点。我们可能跟一些哲学家一样称此内蕴的推动力为思考自身（an sich），或与另一些哲学家一同称此推动力为纯粹意志（reine Wille），抑或再跟其他哲学家称此推动力为无意识者（Onbewuste），或与进化论者一同称此推动力为初始细胞（urcel）或初始能力（urkracht）。不管何种情况，万物的起源都依托于深渊的黑暗和盲目的命运。时间并未依托于永恒，物质未得到精神的支撑。太初之时并未有智慧和爱，而是非理智和绝对的非神圣。故此，事物的关系被颠覆。为下的事物被抬高，为上的事物被降低。盲目、黑暗、物质和罪恶的事物为首；不是上帝，而是撒旦，赋予世界发展以动力。上帝并非**是**，而是**成为**属灵、永恒、超自然和从上头来的；上帝并非立于太初，而是处于终末，不是因，乃是果，不是创造者，而是被造物。永恒、真实、美善的事物都是成有的（wordende），是发展之果，是一项进程的产物；此进程始于黑暗之中，并在罪中穿梭。自下而上就是其发展路线：日必须来自于夜，黑暗射出光，天堂从地狱中升起，上帝从人类而出。哲学家如今所思想的，恰恰与《圣经》、主的教会和宗教改革所教导我们的思想背道而驰。不再有冲突；所谓的冲突只是必要的通道口。正、反、合就是整个世界进程和万物的谜底（Lösungswort）。

当这个进程开始后，就会以同样的方式持续。总是有同一个力量，同一个发展，同一个升序系列的进化、转变和更迭。没有停滞，没有跳跃，亦无界线。不存在各自拥有自身本性、律和境况的生命种类，没有私密的领域，没有独立的地域。四处皆是一个律，相同的生命，同样的进化。一就是全部，全部就是一。无人能比英国著名哲学家赫伯特·斯宾塞（Herbert Spencer），更有力且一致地思考并建构在一切世界进化中的世界进程的合一性。在他的《哲学体系》（*System of Philosophy*）中，他试图将一切科学简化为一种原则，并证明一切进化，无论在何时何地出现，都只基于一个律。绝对者自身不可知，因而仍给对奥秘的敬奉（宗教）留下了余地。此绝对者在一切有限之物中启示自我，并渗透一切有限之物。世界进程的力量是一，物质也是一，但它们根据固定不变的律来颠覆和改变自己。在任何一个地方，在每个生命领域，进化的一个构成部分就是力量的永久性（bestendigheid）。故此，世界的进程是一个宏大的宇宙性进化，透过无限和不断增加的一系列进化和消解（dissoluties）而不断延续。在任何一个地方，世界进程都是同样地并根据同一个律，在植物、动物和人类，在身体和灵魂，在宗教和道德，在国家、教会和社会中持续。至高的灵性和道德的力量无非就是社会力量的转变，生命力的转变，以及物理力量的转变。所以，精神现象就是转变后的热量。它是一个波，一个流，随着匀称的节奏起伏。进化和消解相互交替，如同潮起潮落。一切都是一，而一又是一切：太一暨整全（ἓν καὶ πᾶν），且万物涌流（πάντα ῥεῖ）。

斯宾塞将此世界进程的整体简化为一个有力的原则，并将其概括入一个宏大的体系。然而，早在此之前，这一基本思想（grondgedachte）已得见于泛神论中，并应用于生活的不同领域。同是此基本思想，在达尔文主义中已有体现。达尔文主义绝非如我们倾向假设的那样，是自然研究的结果；它乃是一种世界观，在哲学上和历史上与上一世纪的唯物主义相关，并且歌德对此已时有表述。达尔文主义只是意图借着物种的概念，废除人类、动物和植物之间的差异，以及有机物和无机物的差异。它不仅教导所有物种都是彼此进化而来，因而是血亲，而且主张以下进化论的核心思想，即所有高等生物都是在没有外界助力的情况下，仅以机械方式，根据物理、化学之律，从低等生物进化而来。显而易见的是，一旦某人采取这种进路，就不会有停滞，也不再遵守任何界线；无论是在自我意识中，还是在良知中，都是如此。一切事物必须借着进化，以动态的方式予以解释。在人类从超自然解脱之后，就必须要从自然的角度来理解。关于人类里面的一切属灵事物，必须要在低等有机物中追溯类比。自我意识甚至不外乎物质的产物、成果、伴随发生的反射。人无非也就是一台自动的机器。

　　正如在泛神论的影响下，上帝和人之间的差异被废除，之后人与动物之间的差异也消失殆尽，甚至会更进一步，破坏人与人之间的差异。于是，自由、平等、博爱成了博人眼球的标语。男女在各自特征、职业和穿着上的差异，逐渐变得模糊不清。妇女被解放，在公共生活中紧随男人。男人变得像女人，放弃了自身的特质。在家庭中，父母和孩子之间的距离将会消失。于是，父母的权柄逐渐被削弱。在社会中，阶层和等级之间的差异，即主仆、贵族和平民、为奴者和自主者之间的差异，将被抹除。民众生活（volksleven）特色、特质和丰富多彩将会终止。所有人都将由同样的权力，在同一所学校，以相同模式接受教育，服从同一类型的政府。人们不再考虑城镇和乡村、社会地位和职业的差异。语言、服饰和饮食方面，以及整个生活方式，都是平等和整齐划一（eenvormigheid）。因此，通往共产主义的康庄大道就自动铺平了。在国家层面，政府和国民之间的区分也消失了。不再有上帝赋予权柄来管理其公民的国家，而是国民自行统治。诚然，民族之间的界线被抹除；所有民族都被纳入一个宏大的众民族之约（volkerenverbond）。一个强势的世界帝国，如同尼布甲尼撒、亚历山大、凯撒和拿破仑所建立的帝国一样，横跨所有方言和世代。人类的祖国就是这个世界，而这国家是大一统和唯一的。

泛神论漠视一切特异的层面，将一切特殊方面融合并混成大一统（al-ééne）。我们在生活的各个领域，在艺术和科学、宗教和道德、商业和工业中，都发现了这种泛神论的影响。但对于我们而言，更仔细地审查神学领域中的这一影响愈加重要。毋庸赘言，大卫·斯特劳斯（David Friedrich Strauss, 1808-1874）、费迪南德·鲍尔（Ferdinand Christian Baur, 1792-1860）和他们的追随者，都是在黑格尔哲学的影响下对基督教进行攻击。将神学系变更为宗教研究系的现代神学，其整体无疑就是将达尔文主义应用于宗教上。毋庸质疑的是，现代神学对基督教的新旧约和她所宣告之真理的批判，皆受泛神论哲学的影响。

甚至在那些与我们共同认信基督的神学家群体中，这种致命的影响在许多方面仍可觉察。给泛神论打开进入神学科学（God-geleerde wetenschap）的入口，并使泛神论在其中发挥影响，这项褒贬不一的殊荣（dubbelzinnige eere）当归施莱尔马赫。不仅是他的《论宗教》（*Reden über die Religion*）[5]和《独白》（*Monologen*），而且他的《基督教信仰论》（*Glaubenslehre*）[6]每一页都受此错谬的玷污和感染。一群广受尊敬的神学家，他们尊施莱尔马赫为最后一位教父，从而都受这种观念论哲学的影响；此哲学在历史中画下了一条从笛卡尔延续至黑格尔的脉络。总而言之，所谓"中介神学"（Vermittelungstheologie）的特征就在于模糊了超自然和

---

[5] 中注：中译本见施莱尔马赫著，《论宗教》，邓安庆译（北京：人民出版社，2011）。
[6] 中注：施莱尔马赫此部著作的全称及当代德文版为：Friedrich Schleiermacher, *Der christliche Glaube nach den Grundsätzen der evangelischen Kirche im Zusammenhange dargestellt Zweite Auflage (1830/31)*, herausgegeben von Rolf Schäfer (Berlin: Walter de Gruyter, 2008).

自然、上帝和人之间的差异，继而将双方并入一种模糊、飘忽、朦胧的"神人性"（Godmenschelijk）。先前的神学，特别是归正神学（Gereformeerde Theologie），借着无限地抬高上帝而超越一切被造物，以最严谨的方式有力地高举上帝的荣耀而闻名。相比之下，中介神学旨在从人出发来解释上帝，在真实的自然中发觉超自然。因此，中介神学的特征是以基督论为起点，而非以上帝论为起点。诚然，它缺乏上帝论。在施莱尔马赫看来，详尽的上帝的教义乃枉费心思。绝对者不能被认知，只能在感觉中被觉察和感知。神圣者只能透过人的意识，并从人的意识出发来看见和认知。神学不是一项对上帝的认知（weten），而是对基督徒意识的认知。故此，这个神学动向处处并时时以动态的方式解释默示、神迹、道成肉身、基督的神人二性联合、重生、上帝国度的应验。它无意识地让神圣者作为"能力"（δύναμις）而降入人之中；只有透过人，神圣者才被认知，得以显露。生命从深渊处升起，然后首度成为道和光。这与以下基督教的认信相反：太初有道，而且道中有光和生命。相同的错误原则也适用于以下情况：神圣与非神圣、罪与恩典、亚当与基督、上帝的国与这个世界之间的差异被削弱，并且在伦理上追寻上帝与人、宗教（属灵）生命和道德生命之间的合一。这样，形而上终究被剥夺了自身的本质和生命。于是，属灵生命、重生者的生命、宗教的生命自身就是空洞且无内容，并且在道德中首次领受了内容。于是，不言而喻的是，如洛特（Richard Rothe，1799-1867）所言，教会必须与国家合并，教会训诫必须与学校教育合并，宗教礼拜必须与艺术合并；或如索萨耶（Pierre Daniël Chantepie de la Saussaye，1848-1920）所言，教会必须要从绝对的宗教领域转移到道德领域。当一个人沿着这条路线发展，并且永恒的根基愈发被感到踩在脚下，那么他最终将到达立敕尔（Albrecht Ritschl，1822-1889）已达之地。立敕尔承认耶稣只不过是一个人；耶稣有上帝在他里面，却不是上帝本身。因此，这种观点就塑造了向现代神学的转移。

因此，我们到处都发现了此相同原则和同样的奋斗目标，就是这些最伟大和最杰出思想家的原则和奋斗目标。绝对者落入了相对者，并借着移除生命的丰盛和特殊性而渗透相对者。只在此时，绝对者首度出现自我意识和自由。与此次序相反的就是：上帝是万物的源头、标准和目的；祂不能依照任何事物而被解释，而万物都要出于祂才能被解释。

三. 当代世界观的价值

我们最后理当探索这种现代世界观有何正当性（recht）与价值（waarde）。我们知道此现代世界观是错谬的，《圣经》和认信一致予以谴责。但是，一项错谬在面对有关真理的片面阐述时，也会有一些正当性；而这些片面阐述正出自真理本身。在这种哲学出现之前的时代，是一个拥有律、准则和命令的年代。这些律、准则和命令客观地立于个体之上，并与个体争锋相对，约束个体并使个体完全服从它们。每个事物所采用的方法都是演绎和先验的。一切事物都是固定的，线条分明，由律来决定。律、准则和命令作为个体的法律和教义，远在个体之上，与个体没有关联。早前福音性情的温暖和喜悦已经丢失了。生命从形式中消失，取而代之的是狭隘的迷信、病入膏肓的假冒为善、对被碎片化教义中的某一教义的僵化（traditioneele）恪守。那个年代漠视属世事物和自然事物的正当性，并误解人与自然和世界的关系。自然事物被嘲讽。那个时代是低俗、虚伪和非自然的（onnatuur）。内心和心灵的生命缺失；悟性、巧思和判断被认为塑造了人类和诗人、勇者和敬虔之人。

毫无疑问，当诗人粉墨登场，抓住人类世界和自然的丰盛生命时，他们的言词就俘获人心，并将新的生命和灵感浇灌人的心灵。自然的、简易的、无情感的、古代的和古典的事物，开始吸引每个人的注意力，令他们钦佩。人们开始去感觉自我，去做他们自己；个人主义就被唤醒了。僵硬的形式得以摆脱，而人们早已不再生活在其中。带着自豪、自我意识和自我感觉，人们环顾四周，从藉自然和艺术而得解放的新鲜生命之源那里汲取水分。欧洲人民向自由、成熟（mondigheid）和独立苏醒。新的精神开始主宰他们；此精神打破了旧有的枷锁，赋予了希腊诗人和哲学家以生气。

在这之前的那个时代，真理变得不可知。与此相比，这种对自然事物的反应、自我生命和世界生命（Selbst- en Weltleben）、内蕴动态观、泛神论，无论如何再次带来了充满活力的本性，一个带有温暖和喜悦的丰盛生命，因而至少有一定的正当性。凡有正当性的事物总是会带来益处。毋庸置疑，此哲学动向已经给艺术和科学、商业和工业、人类整个属世生命都带来益处。洪堡[7]、萨维尼[8]、尼布尔[9]、格林[10]、里特尔[11]、达尔文等人，都有同样的接受性（例如我们所发觉歌德对自然的接受性）、同样的客观性、同样伟大的公正和献身，并在各自的领域和研究范围内成为科学（wetenschap）的改革者，成为进入更广知识领域的探索者和引路者。我们这个时代艺术的蓬勃发展、科学的复兴、文化的腾飞，都归

---

[7] 中注：巴文克此处并未说明是洪堡兄弟中的哪一位，所以有可能是德国自然科学家海因里希·亚历山大·冯·洪堡（Friedrich Wilhelm Heinrich Alexander von Humboldt, 1769-1859），也有可能是他的兄长，创立柏林洪堡大学的克里斯蒂安·卡尔·费迪南·冯·洪堡（Friedrich Wilhelm Christian Carl Ferdinand von Humboldt, 1767-1835）。

[8] 中注：巴文克可能指弗里德里希·卡尔·冯·萨维尼（Friedrich Carl von Savigny, 1779-1861），德国著名法学家。

[9] 中注：巴文克可能指巴特霍尔德·格奥尔格·尼布尔（Barthold Georg Niebuhr, 1776-1831），当时德国古罗马历史学研究的权威。

[10] 中注：巴文克这里可能指的创作格林童话故事的雅各布·格林（Jacob Ludwig Karl Grimm, 1785-1863）和威廉·格林（Wilhelm Carl Grimm, 1786-1859），19世纪德国著名的语文学家（philologist）。

[11] 中注：巴文克这里可能指奥古斯特·里特尔（August Heinrich Ritter, 1791-1869），19世纪德国哲学家和哲学史专家。

功于这种"自我生命"（Selbstleben）和内蕴性沉思。借着将眼光从天际转移，而后环顾世界，人类对自然的统治已然被扩大。人类的能力增长，知识拓展；他们对此生的呼召和结局的理解胜过以往。

然而，我们至此就不能再进一步了。人类的原则、主权和自主性彻底错谬。诚然，这个19世纪的错谬在上帝的治理和护理下将留下一种祝福，因为凡人所认为邪恶的事物，总是被祂用以引导祂的教会达致良善。一旦这个时代的弊病过去，那么上帝允许从中为祂的教会而生发的祝福就能更好地被人领会；纵然这个弊病如今仍持续，并愈演愈烈。然而，这不应致使我们有片刻认同罪恶，从而让恩典显多。相反，我们必须明白，我们要炼净由此种错谬置于我们头脑和心灵之中的酵，抵制任何将上帝已区分的事物再度混合的事物，并在神圣神学之圣殿的入口，务必抵挡这种危险的异端。

《圣经》和全体基督教会完全反对任何神圣层面和人性层面的泛神论式的混合。请注意，这是神学的根本问题，确实也是所有科学的基本问题。以下问题以各种形式四处出现，成了众多难题的基础：上帝与世界的关系，以及世界与上帝的关系是什么？历世历代都有两种思想动向，基督教会要予以反驳，并避免这两个动向对上述问题的答案。第一种动向就是自然神论：它承认上帝的自立性、永恒性和不变性，却剥夺了祂一切生命和爱；不仅将祂与世界区分，而且将祂与世界分离，且完全隔离。另一种动向就是泛神论，包括观念论式的泛神论和唯物主义泛神论。它废除了上帝与世界之间的差异，使二者等同，将上帝并入世界，将世界并入上帝。这两种动向都被《圣经》谴责。它们没有公正对待上帝的荣耀和威严。因此，正如改革宗教会坚决防止所有自然神论和伯拉纠主义一样，她也在各个时代全力反对泛神论。她杜绝上帝和世界的分离，以及上帝的工作和人的工作之间的分裂；她否定人的自立，反对任何轻微程度的与上帝并立或与祂对立。然而，她也不愿这二者彼此混合、彼此混淆或等同，以至于上帝和世界只是同一绝对者的两面。基督教所要对抗的两个敌人就是泛神论和自然神论，决定主义（Determinisme）和伯拉纠主义，宿命论和偶然论，诺斯底主义和亚流主义，神秘主义和理性主义，被造物的神化和人为的神圣性；它们每次都根据不同时代的特征，以不同的伪装现身。尤其是改革宗教会，总是深感迫切地为此殊死奋战，将它们逐出自己的领域。这两个敌人无论有何相异，彼此如何相对，总是携手共定耶稣的罪，如同希律和彼拉多曾经结盟共抗基督一般。

在神学的每一个点上，我们必须抵抗这些敌人对真理的攻击。任何一种关系都取决于我们自我认为与上帝的关系。请如实地告诉我，你如何敌对上帝，那我就会告诉你，你如何必然敌对天上地下的万物，敌对宗教和道德，敌对国家和教会，敌对艺术和科学。因此，在《圣经》的教导中，我们必须留意不可将信心和神学的本源（principium）转化为信心之生命（geloofsleven）的结果和产物，而是从始至终要在恩典渠道中来探讨神学。在基督的位格中，我们必然最为肯定地认信圣子与我们人性紧密牢固的联合。但是，我们必须坚定地发声来抵挡任何混淆或融合。毫无疑问，我们在救恩论中必定会关注人接受救赎的能力（verlossingsvatbaarheid），但是一切从自然、道德生活出发来获取或解释重生者生命的做法，都必须予以拒绝。在对末后之事的教导中，我们必须注意上帝国度的成全以伦理进程的结果呈现；此进程从此时开始，并延续至死亡之后。诚然，纵观整个神学有机体，我们必须提防混合上帝所分开的，并防止分开上帝所联合的。神圣和非神圣仍非混合，完全分开。罪与恩典、善与恶、亚当和基督之间的泾渭分明丝毫未被削减。宗教生活和道德生活、属灵生命和自然生命依旧有别。

这个原则甚至在社会和政治、艺术和科学领域中，也必须要予以尊重和应用。上帝并非要整齐划一，而是五彩斑斓的丰富性，以及在此多样性中的合一性。因此，在祂的圣言中，政府和国民、主人和仆人、丈夫和妻子、父母和儿女之间总是界限分明。生命的丰盛就是：这是人的生命，那是鸟的生命，另一个是鱼的生命；这是艺术的本质和律，科学的本质和律又是另一个；道德生活是如此，宗教生活又是那样。一切事物被造都有其自身的本性，并且必须按此本性而发展。宇宙是一个合一体；但是在这个合一体中，事物各不相同。

因此，在提防这项错谬进犯的时候，我们也必须反对一切中介神学。在此过程中，我们不能抹除尼安德[12]、乌尔曼[13]、尤利乌斯·穆勒[14]、特韦斯顿[15]、朗格[16]、马滕森[17]等其他德国学者，以及索萨耶、范奥斯特泽（J. J. Van Oosterzee）和胡宁（J. H. Gunning）等荷兰神学家，在过去和现在对教会和神学所做的贡献。虽然这些人的贡献众多，但是伟大的工作并非由这项强大的错谬完成，亦非其结果，而恰在此错谬影响的范围之外出现。这些神学家给教会和神学带来的一切益处，追本溯源都出自宗教改革（Hervorming）的原则。这乃指施莱尔马赫思想中改革性的层面（reformatorische），即他立足于对救赎者（Verlosser）的活泼信心（levend geloof），振兴了宗教改革的原则，藉此超脱了理性主义和超自然主义的对立。如果施莱尔马赫和他的追随者的双脚立于宗教改革的基础，而不是让自己局部偏离，却起来反抗时代的潮流，那么他们或许没有那么出名，但是会带来更大的祝福。然而，这并非是对他们

---

[12] 中注：巴文克可能指奥古斯特·尼安德（Johann August Wilhelm Neander，1789-1850），德国神学家和教会历史学家。他在17岁时前往哈雷（Halle）大学，师从施莱尔马赫。

[13] 中注：巴文克可能指卡尔·乌尔曼（Karl Ullmann，1796-1865），德国加尔文主义神学家，毕生支持中介神学。

[14] 中注：尤利乌斯·穆勒（Julius Müller，1801-1878）是德国基督新教神学家，是尼安德的学生。

[15] 中注：巴文克可能指德国路德宗神学家奥古斯特·特韦斯顿（August Detlev Christian Twesten，1789-1876）。1835年，他接替了施莱尔马赫在柏林大学的教职。

[16] 中注：巴文克可能指德国加尔文主义神学家约翰·彼得·朗格（Johann Peter Lange，1802-1884）。他于1849-1852年间出版的《基督教教理学》（Christliche Dogmatik）公认为属于施莱尔马赫学派。

[17] 中注：巴文克可能指汉斯·马滕森（Hans Lassen Martensen，1808-1884），丹麦哥本哈根大学的教授和西兰岛（Zealand）教区的主教。他的神学受施莱尔马赫、黑格尔等人的影响。

的指责。他们生活在我们之先,并不能看见这种"中介性"(Vermittelung)的恶果。他们躬先表率地教导我们避免这种错谬。任何人在反思他人的时候,也是在柔和地反思自己。因为我们在他们之后出现,站在他们的肩膀上,比他们看得更远,所以我们就从他们当中剔除不纯的、夹杂着这世界精神的方方面面。如同加尔文、马丁路德和慈运理一样,我们要区分本质的、永恒的、并因而改革性的层面,和透过这些发声的时代精神。因此,我们不要绕到他们身后,也不是要振兴他们,亦非视他们的著作是毫无价值的。相反,我们要接受他们的教导,但是要比他们更好地宣讲、持守和应用这项改革性原则(reformatorisch beginsel)。这就是我们与他们的不同之处。我们的口号就是:不是绕到他们身后,而是前行,超越他们。他们所阐述的内容充实,并有诸多有关人性和福音和谐之美妙惊艳的观念。因着这些缘故,并由于心灵和良知的需要,以及有关神学一切方面的需要,我们在他们的著作中与永恒相连,并继续独立地建造神圣神学的圣殿。

故此,我们继续以独立(诚然如此)和积极的方式前行。神学有其自身原则、方法、内容和目标。所赋予其他科学的完全自由,我们认为也是神学科学应有的权利。神学只受自身的约束,受其原则和客体的约束。因此,我们无须在敬虔意识的移动波浪中,在心思的各类范畴中,在理性和良知的观念中,而只在上帝祂自身中,寻觅神学的根基和确定性。唯独上帝是神圣神学的原则、内容和目标。神学首要持守的就是上帝的荣耀,无条件地接受祂的圣言,唯独受祂灵的引导。我们必须全力抵挡这些哲学家在神学中所引发的革命。时间要再次依托于永恒,自然要由超自然来支撑,物质要依赖精神;万物都要依赖道。上帝就是这个**存有**(Zijnde),耶和华就是祂的名字;祂是昔在、今在和将要来的那一位。因此,上帝并非透过我们或在我们里面而成有,乃是我们透过上帝而成有和存有。祂并非根据我们的悟性来衡量,也非从我们的感觉和意识中被挖掘出来，乃是我们完全尽心、尽意、尽力地让自己被袛所引导。因此，上帝是始和终，是阿拉法和俄梅戛；袛借着自己大能的圣言托住万有；我们的生活、动作、存有都在袛里面。并非是我们创造了周遭万物，我们亦非万物形式和实质的源头。相反，我们在自然和属灵上必须是被动性和接受性的。在神学中，正如在一切科学中，第一要求就是一颗接受性、公正性和献身性的心灵。根据维尔玛（Vilmar）精致的观点，歌德的诗歌向我们宣告：那寻找光和温暖的人呐，离开你们的地域，打开你们的双眼，让你们被此处照耀的太阳所光照并得温暖。我们在神学上也是如此：打开我们的心、灵魂和所有感官，让我们被公义的日头照耀；让人子的形像落入我们的灵魂，从而我们按着此形像而改变，荣上加荣。因此，真正神学家的职责不是去生产或创造，而是去复制和反思，去了解（opvangen）和呈现（weergeven），并作为一位领受恩赐和活在恩典中的婴孩。

为此，我们的眼目必需在辨别力和精准的感知上受训，为要按照一切事物的本性来理解它们。因此，我们必须提防由如今普遍盛行的泛神论哲学而引入的概念和措辞的混乱，并以一种健全的做法，透过对上帝在思想世界中所设立之律的严格观察，来拓宽我们的精神。此外，由于语言不是私人财产，乃属众人，所以它不应被冒犯。我们不可以让概念彼此渗透，也不能借着革命使思想世界变得晦涩和混乱。

对于每一位科学实践者，对神学家尤然，一切归根结底就是鲜明的陈述、纯粹的概念、合乎逻辑的思路、对原则最终在一切应用中的考量。为了能感知事物真实之所是，我们的心灵必须纯洁，我们的心思必须清明。心灵的纯洁和头脑的明晰是真正神学家的瑰宝。于是，我们将无需做任何事，只需注目圣父独生子的荣耀，效法袛的形像，并在言语和行为中流露出来。这样，我们的神学将真正成为它应有的样子：宣扬那召我们出黑暗、入奇妙光明者的美德。[18]

---

[18] 中注：《彼得前书》二9。

02

第二章 基督教世界观

赫尔曼·巴文克

巴文克的世界观刍议

曾劭恺

巴文克《基督教世界观》出版于 1904 年。同年，他还发表了另二部足具份量的著作，分别为《基督教科学》（*Christian Science*）及《教育学原理》（*Principles of Pedagogy*）。这三部作品的写作缘起，主要是巴文克 1902 年自坎彭（Kampen）的保守神学院转赴阿姆斯特丹自由大学（Free University of Amsterdam）任教之后，开始积极思考基督教学术及教育的问题。他在大学的处境中，必须与非基督教及自由派基督教学者对话，而这促使他寻求一套与世俗思想共通的学术语言。这为基督教教育提供了重要的理论基础。事实上，这部著作原是巴文克在自由大学的教席演说，经编修后出版成书；而巴文克明言，同年出版的《教育学原理》乃是《基督教世界观》的后续延伸。[1]

由此看来，《基督教世界观》对于当代中国从事学术及教育

---

[1] James Eglinton, *Bavinck: A Critical Biography* (Grand Rapids: Eerdmans, 2020), 229.

工作的基督徒而言，是一部极具参考价值的著作。尤其是标榜"改革宗"的基督教教育运动，更有必要好好思考这部著作的内容，以及巴文克的思想与生平。不仅如此，巴文克在书中所体现的坚定立场以及兼容精神，是所有华人改革宗人士都需要思考、学习的。

1. "对立"与"兼容"的张力

《基督教世界观》可以说是巴文克在阿姆斯特丹时期牛刀小试的作品，其护教论证的方式为他的后期著作提供了基本进路。这种路线的特征之一，乃是现代欧陆思想特有的历史意识（historical consciousness）：巴文克的论证并非经院哲学（scholastic）的那种抽象思辨，而是聚焦于思想史的具体发展，演示各派学说在拒斥了基督教世界观之后，如何陷入无可化解的矛盾。在本书中，巴文克将批判的重点放在现代思想。他指出，现实当中许多看似多元而互不相容的向度，其实具有终极的一致性，因为万有皆出自造物的上帝。现代哲学正是因为拒斥了这样的世界观，故而使得人类知识与学术变得支离破碎。恩雅各博士简明扼要地阐明《基督教世界观》摘要：

> 他（巴文克）在《基督教世界观》当中……论证道，现代时期缺乏一套统一的世界观与生活观。反之，它（现代思想）倾向于各种极端，着重于现实的某单一向度——心、理性、意志、情感、认识、行动、物理的、超自然的等等——并用其取代其他向度。结果，从康德以至尼采及马克思，现代时期对这时代的人们呈现了各种（终极而言）单一维度的选项：巴文克论证称，恰恰出于这原因，现代思想在智性或存在性上无法令人满意。巴文克称基督教世界观及生活观为解药，指出说基督教的解释能力乃是宽容（capacious）的而非约化（reductionistic）的，能够为一连串令人满意的人类实存的诸

般相连的核心哲学问题提供和谐的答案：为什么实存者是实存的？实存者何以能够既是恒常的又是恒变的？我们又何以得知如何在此背景下付诸行动？[2]

中国特色改革宗在沿用新加尔文主义时，往往较为强调"对立"或"对偶"（antithesis）的原则；这诚然也是巴文克思想的重要维度。正如作者在本书引言中所言，基督教与现代哲学以"宗教"的名义所呈现一切事物之间，不可能有任何的融合，亦即德意志观念论所提出的"中介"（Vermittlung）。

然而，巴文克又在引言结尾处，用德国观念论的"复和"（Versöhnung）一词，解释基督教如何将二元对立的各派哲学当中支离破碎的片面真理整合起来，构成整全的世界观。在本书行文中，读者会发现，巴文克虽然整体拒斥了所有非基督教哲学及宗教的体系，却又经常正面引用现代哲学的洞见，将其纳入基督教世界观的体系。譬如，他在第一章对新康德主义者李克尔特（Heinrich Rickert, 1863-1936）的某个观点表达完全的认同，尽管巴文克整体而言拒斥了新康德主义的体系。更耐人寻味的是，巴文克经常使用现代哲学的术语来表达基督教世界观，譬如以上提及的思想体系之间的"复和"。

这种选择性的兼容主义（eclecticism），对于强调"对立"的华人改革宗而言，是较为陌生的。事实上，过去许多西方学者也不知如何解释本书引言所体现的张力：巴文克一方面指出基督教与现代哲学宗教之间的对立无可调解，另一方面又提出，基督教世界观在二元对立的各派哲学之间提供了和解。1970年代起，荷兰学界对此现象形成了"两个巴文克"（two-Bavincks thesis）的主流观点，认为"正统的巴文克"与"现代的巴文克"之间，有无可化解的矛盾。[3] 根据这种观点，巴文克活在两个矛盾的世界中：

---

[2] Eglinton, *Bavinck*, 228.
[3] 确立此范式的关键著作是 Jan Veenhof, *Revelatie en Inspiratie* (Amsterdam: Buijten & Schipperheijin, 1968).

他一方面在大学处境当中，为了迎合学术界的标准，而采纳了现代哲学的概念及语言；另一方面，他在教会处境中，又用认信改革宗的语言表达了纯正的信仰，拒斥了现代哲学。

恩雅各等近期英语学者则采取了不同的路线。以黑格尔（G. W. F. Hegel, 1770-1831）为例，恩雅各认为，"巴文克主要视黑格尔为一个影响渗入神学界的哲学家……。巴文克的批判，是古典改革宗对黑格尔的标准批评。"[4] 此路线强调巴文克的正统性，认为他使用德意志观念论的术语时，主要是为了驳斥其思想。[5] 然而，这显然不足以解释一个事实：读者在本书中会发现，巴文克引用现代哲学的洞见时，经常表达赞许及认同，而不只是为了驳斥而引用。

恩雅各自己的观点，现已在廖绍良（Nathaniel Gray Sutanto）、布洛克（Cory Brock）这二位他近年指导的博士生影响下有所修正，徐西面（Ximian Xu）则在英语学界及汉语学界继续发展这诠释路线。布洛克以"正统却现代"（orthodox yet modern）的框架解读巴文克如何同时借用并批判施莱尔马赫（Friedrich Schleiermacher, 1768-1834）的思想元素，这框架提供了理解巴文克与德意志观念论之间复杂关系的新路线。[6] 廖绍良亦以"改革宗兼容主义"（Reformed eclecticism）形容巴文克的思想，并在此基础上与笔者共同撰文，指出"尽管巴文克确实在根本与"现代哲学"分道扬镳"，但他与现代哲学的"互动，显示某种程度的接受及新意，

---

[4] James Eglinton, "To Be or to Become—That Is the Question: Locating the Actualistic in Bavinck's Ontology," in John Bowlin, ed., *The Kuyper Center Review, Volume 2: Revelation and Common Grace* (Grand Rapids: Eerdmans, 2011), 119.

[5] 例：James Eglinton, *Trinity and Organism: Toward a New Reading of Herman Bavinck's Organic Motif* (London: Bloomsbury, 2012); Brian Mattson, *Restored to Our Destiny: Eschatology and the Image of God in Herman Bavinck's Reformed Dogmatics* (Leiden: Brill, 2012). 中注：恩雅各著作的中译本见：恩雅各，《三位一体和有机体：赫尔曼·巴文克的有机主旨新释》，徐西面译（爱丁堡：贤理·璀雅，2020）。

[6] Cory Brock, *Orthodox yet modern: Herman Bavinck's appropriation of Schleiermacher* (Ph.D. thesis, University of Edinburgh, 2018).

不能被归类为……简单的拒斥"。[7]

倘若只在狭隘的"对立"原则下解读巴文克，必定会错失许多内容，也会令华人改革宗信仰在"雅典与耶路撒冷"式的分离主义（separatism）路线上愈走愈极端。当这种分离主义变成"文化使命"的前提时，我们几乎无可避免凯旋主义（triumphalism），将世间文化一概视为有待征服的敌对势力。这并不是凯波尔（Abraham Kuyper, 1837-1920）、巴文克等新加尔文主义宗师的精神。

2. 从坎彭到阿姆斯特丹：本书背景

若要掌握本书引言在"对立"与"兼容"之间所体现的张力，我们可以从写作背景讲起。如稍早所述，本书是原是巴文克在阿姆斯特丹自由大学的教席演说。1892 年，凯波尔所创办的自由大学与巴文克其时执掌教义学教席的坎彭（Kampen）神学院接洽，讨论合并的可能。主导坎彭的保守主义者采取一种好战的分离主义，认为大学的学术神学在行政上应该附属于教会。但凯波尔在"领域主权"（sphere sovereignty）的框架下认为，各从其类而受造的各领域只有一个共同的主，就是基督，而在基督绝对主权之下，任何领域皆不得侵犯其它领域相对于彼此的主权。换言之，神学及教会的领域必须尊重学术领域的自主性，不得干涉。

凯波尔主张，神学院的神学旨在训练传道人，进而直接服事教会；大学的学术神学旨在与教会之外更广泛的世界进行思想交流，建构基督教世界观的基础，进而以较为间接的方式服事教会。因此，凯波尔认为学术神学在行政上应该独立于教会。由于阿姆斯特丹与坎彭无法达到共识，坎彭的保守神学院与阿姆斯特丹自由大学神学系合并的计划只得告终。

巴文克曾尝试弥合双方的差异。他主张，大学内的学术神学

---

[7] Nathaniel Gray Sutanto and Shao Kai Tseng, "Bavinck and Hegel Revisited: Providence, Reason, and the Unsublatable," (under review).

应该受到教会信仰告白的规范，但由于大学的神学属乎学术领域，因此大学的神学系不应该像宗派神学院那样，在行政上受到教会的管辖。总体而言，巴文克较为倾向于凯波尔的立场，而凯波尔也会赞同巴文克的想法。巴文克对于坎彭神学教育路线的担忧，在 1880 年 1 月的一封私信中已然透露（他 1878 年 7 月才刚获得博士学位）。在这封信中，他对一位好友表示，坎彭神学院的神学"始终无法具有纯粹的学术性（zuiver wetenschappelijk）"，因为那所神学院"在财务及精神上皆由教区所支持"，并"在每个层面上"皆"依赖"教会的支持。[8] 巴文克主张，学术神学必须具备对世界的知识体系，而这种世界观的神学只能在大学的处境下，不受教会意识型态管辖时，才有可能发展。

有趣的是，虽然巴文克认同凯波尔的立场，却数次拒绝了凯波尔及阿姆斯特丹自由大学的邀约。一直到 1902 年，巴文克才终于转赴阿姆斯特丹自由大学，执掌神学教席。巴文克数次拒绝凯波尔的邀请，当然出于多重考量，但近期研究从巴文克写给霍志恒（Geerhardus Vos, 1862-1949）的一封信中找到了重要线索。这封私信在巴文克转赴阿姆斯特丹任职时被公开，使得阿姆斯特丹及坎彭之间硝烟再起。[9] 巴文克加入阿姆斯特丹自由大学后，引述这封信的内容，告诉他的同事，霍志恒早已预料到巴文克将坎彭神学院弃置于"极端分离主义者"手中的后果。[10]

写信之时，霍志恒任教于美国普林斯顿神学院（Princeton Theological Seminary）。他以母语荷兰文写信给巴文克："若您在坎彭的位置由某一位持极端分裂主义思想的人接替，难道这不是一个不幸吗？我上周读到了您的同事林德博姆（Lindeboom）的言

---

[8] "Bavinck aan Snouck Hurgronjie, Kampen, 6 januari 1880," in *Een Leidse Vriendschap: De briefwisseling tussen Herman Bavinck en Christiaan Snouck Hurgronje 1875-1921*, ed. J. de Bruijin and G. Harinck (Baarn: Ten Have, 1999), 63. 笔者译；资料由徐西面提供。

[9] Wim Berkelaar and George Harinck, *Domineesfabriek: Geschiedenis van de Theologische Universiteit Kampen* (Amsterdam: Prometheus, 2018), 112.

[10] 同上。

论，对此我感到十分难过，并对自己说：如果坎彭神学院的教育完全以此种精神开展，荷兰地区改革宗教会的学术前景堪忧。在我看来，您的工作是唯一抗衡这一趋势的力量。"[11]

这信件内容一方面说明巴文克留在坎彭的动机，一方面也让人不禁想到，普林斯顿神学院董事会改组后，霍志恒为何未随其他保守派的教授出走，共同创办威斯敏斯特神学院（Westminster Theological Seminary）。霍志恒、巴文克、凯波尔的精神，是一种"入世而不属世"的坚强信念，宁可留守世界边缘，也不愿离世另建地上天国。

相信多数读者都会同意，特土良那种雅典与耶路撒冷的对立二分，并不符合圣经的教导。在诸多神学流派当中，改革宗神学尤其强调基督教的"入世"精神。然而，许多华人改革宗人士（包括不少知名学者），却往往容易陷入简单粗暴的敌我二分思维。倘若我们留心阅读本书，我们会发现，巴文克处理非基督教思想的方式，与华人改革宗习以为常的敌我意识有很大的出入。譬如，中国改革宗的基督教教育运动，往往是让学童从世俗社会撤离"出来"，但凯波尔、巴文克的自由大学理想，却是为基督教世界观提供一个"进入"世俗社会的平台。巴文克的基督教世界观，是与世俗世界对话的世界观，而不是自说自话，或是一味抨击世俗世界。改革宗读者若能细细品尝本书内容，或许能走出当前华人改革宗的一些困境，发现一条更符合圣经世界观的道路。

3. 巴文克的兼容主义

对于惯常以简单的敌我意识来看待"信与不信"的朋友而言，上述"选择性兼容主义"或许会引发这样的疑问：巴文克处理世俗思想的方式，是否会造成移植之后体质不符的问题？他又如何处理"信与不信"之间的根本对立？对于这样的疑问，廖绍良在

---

[11] 同上，页112-113。徐西面翻译。

英语改革宗圈子内的一句名言，能为我们提供初步的解答："正面引用，不代表系统性的推崇"（Positive reference does not imply systematic endorsement）。

为了更深入掌握这初步解答，我们不妨先介绍一下"体系"或"系统"（system）的概念。在19世纪以前，"思想体系"这概念并未有人明确提出，也尚未有人如此使用这词汇。阿奎纳以"总论"（summa）的方式论述基督教教理（dogmas）；加尔文及图瑞田（Francis Turretin, 1623-1687）以"要义"（insitutio）为名，论述了基督教信仰的纲领。史上第一部以《系统神学》为名的教义学著作，出自德国早期改革宗正统神学家齐克曼（Bartholomäus Keckermann, 1572-1608），他在17世纪初期将"系统"一词引介到神学，赋予了这词汇特定的技术性含意。[12] 当时"系统"这概念与今天"系统神学"的"系统"有很大的差异：齐克曼所谓的"系统"，是指用经院哲学（scholasticism）的二分法（method of dichotomy），将神学的概念从最普遍（universal）的——区分至最个殊（particular）的。譬如，他会将"上帝本性"（divine nature）这概念二分为"上帝本质"（divine essence）与"上帝属性"（divine properties），又将"上帝本质"分为"绝对的"（absolute）与"实存的"（existent），将"上帝属性"分为"绝对的"与"相对的"。

19世纪以后，"体系"的概念已经与这种经院哲学意义上的"系统"有相当大的差异。康德哲学是造成现代意义上的"体系"概念的重要因素。经院式的二分法在早期现代理性主义当中达到了颠峰，特别是建基于莱布尼兹（G. W. Leibniz, 1646-1716）的沃尔夫（Christian Wolff, 1679-1750）学派。在经验论哲学家休谟（David Hume, 1711-76）的冲击下，康德发现理性主义那种从普遍本质出发去理解个殊现象的哲学系统，只能为我们厘清理性上的概念，却不

---

[12] 见 Otto Rischl, *System und systematische Methode in der Geschichte des wissenschaftlichen Sprachgebrachs und der philosophischen Methodologie* (Bonn: Universitäts-Buchdruckerein und Verlag von Carl Georgi, 1906).

能构成真正的知识（knowledge；Wissen）。康德认为，若要拥有知识，我们必须首先拥有对可感知的世界的"认知"（cognition；Erkentniss）。我喜欢简单地将康德所谓的"认知"定义为"我们明白可感知的东西的过程"（the process by which we make sense of sensible things）。感知构成"判断"（judgment；Urteil），而在不同类别的判断当中，只有当我们运用纯粹概念对呈现于我们脑海的对象进行综合的时候，我们才有可能获得真正的知识。"判断"是"知识"的最小单元，而当我们用某种"原则"（principle；Prinzip：逻辑或本体论上的出发点）将我们对某类对象的所谓"综合先验（学界一般译为"先天"）判断"进行整合时，我们就拥有了一门知识的"体系"，而这"知识体系"就被称为"科学"（science；Wissenschaft）。

　　康德之后的德国观念论（German idealist）哲学与神学，产生了典型现代的历史意识（historical consciousness），而这对所谓的"知识体系"带来了进一步的重要影响。黑格尔是后康德时期最具影响力的德国观念论哲学家。他提出，没有任何知识体系是僵化而一成不变的；所有的知识体系都会在历史进程中蜕变。这种观点，使得西方各门学问开始重视起"思想史"，譬如在我大学本科主修物理的时候，我们一定是按照历史沿革去学习。我们从牛顿物理开始，到了二年级修古典力学的时候，学习牛顿力学如何发展到拉格朗日（Lagrangian）及汉密尔顿力学（Hamiltonian mechanics），而古典物理学又如何在历史上发展至现代物理学。我们所学的，乃是如何"站在巨人的肩膀上"作学问。然而，当牛顿说自己"站在巨人肩膀上"时，他并没有这种历史意识，他所指的"巨人"仅仅是笛卡尔一人，而这主要是为了讽刺他宿敌胡克（Robert Hook）的矮小身材。19世纪以前的人作学问，并没有我们今天这种历史意识。

　　黑格尔在讨论"体系"的时候，将人类的意识看成一个有机整体。如此，柏拉图及亚里士多德所代表的其实并非两个不同的体系，而是同一个体系在历史上的两个不同阶段。思想史上的体系固然十分多样，就像先秦诸子百家争鸣，而宋明儒家的理学、心学也各自表述。但黑格尔认为，思想体系的多样性背后有一个终极的一体性，而逻辑的科学就是对这终极一体性的研究。这终极的一体性就是"绝对精神"，也就是黑格尔所说的"上帝"。在当下，上帝还未自我实现为上帝，因此我们的诸多思想体系还有许多矛盾，这些矛盾也体现在社会的冲突上。但是当我们去后思（after-think; nachdenken）历史（特别是思想史）上已然发生的现象时，我们就能够借由对历史的分析映现（reflect; refkletieren）出历史的终极目的，进而以这终极目的为出发点来认知当下的世界，建立一套"世界观"（worldview; Weltanschauung）。

新加尔文主义就是产生于这种浓厚的现代科学意识及历史意识氛围，在这样的语境下来表述古典改革宗神学思想。国内许多信徒在打着"改革宗大旗"时还要分门别类，将"新加尔文主义"及"古典改革宗"变成相互敌对的阵营。这种分裂主义，其实只是跟在西方学者背后拾人牙慧，却未明白那些学者的用意。譬如，原加州威斯敏斯特历史神学家范司寇（John Fesko）教授力主回归古典改革宗经院主义，对特定他视为反经院主义的美国新加尔文主义者提出过许多批评，而这就成了国内"新加尔文主义"与"古典改革宗"对立的依据。但事实上，范司寇教授虽然严厉批判新加尔文主义阵营中的哲学与护教学家，却对新加尔文主义阵营中的教义学家赞誉有加，特别是结合了荷兰加尔文主义及旧普林斯顿神学的霍志恒，还有巴文克及伯克富（Louis Berkhof, 1873-1957）。范司寇教授指出，这三位神学家在教义建构上展现了"最佳的证明"，显示"他们对较早期（改革宗）经院主义的熟悉以及接纳"。[13] 他们并未偏离改革宗正统，反而"正面地倾向于改革宗经院主义，持守传统的教义建构与词汇定义"。[14] 范司寇教授也

---

[13] John Fesko, *The Covenant of Redemption: Origins, Development, and Reception* (Göttingen: Vandenhoeck & Ruprecht, 2016), 229.
[14] 同上，页229。

注意到,柏寇韦(G. C. Berkouwer, 1903-1996)虽然不像伯克富那样,在霍志恒与巴文克影响下自己去深度查考历史上的一次文献,却也透过霍志恒与巴文克承袭了改革宗的认信正统。[15] 此外,范思寇教授又暗示,凯波尔对于改革宗正统的教义史知识显然远不如霍志恒与巴文克,在许多地方"思"过于"学",却也不是"思而不学",整体而言还是采取了古典改革宗的教义框架。[16]

由于范思寇教授专精古典改革宗神学研究,他对巴文克的评价反而比维恩霍夫(Jan Veenhof)更加中肯。如先前所见,维恩霍夫教授认为巴文克笔下的观念论术语与认信改革宗神学是两套互不相容的体系,而巴文克的神学是个矛盾体。范思寇虽不熟悉现代哲学,但他很清晰地看见,巴文克神学的主体乃是认信正统的改革宗神学。

巴文克对观念论传统的"兼容",是具有选择性的。事实上,"兼容"(eclectic)一词原本就是指"选择性的兼容"。当巴文克使用观念论的思想工具,包括"科学"、"历史"、"体系"、"世界观"、"绝对依赖的情感"等典型现代概念及术语时,他并非系统地接纳康德、费希特、黑格尔、施莱尔马赫等人的思想,而是将特定建材从这些思想体系的建筑结构中抽取出来,放到正统改革宗神学的体系当中。

然而,正如先前所问的:这种兼容主义,是否会造成移植之后体质不符的问题?它又如何处理"信与不信"之间的根本对立?这问题可以从两方面回答,分别是"普遍启示"与"思想史",而这两者其实是相辅相成的。

巴文克会选择性地同意黑格尔的一个观点:人类意识具有一种有机整体性,在历史上的发展并非漫无目的,而是在上帝护理之下所产生的;思想史上诸多不同的体系,不论与上帝的终极真理有多么深刻的矛盾,也无法跳脱思想史作为上帝普遍启示之有

---

[15] 同上,页215-18。
[16] 同上,页206-14。

机发展的洪流。对黑格尔来说，历史是上帝成为上帝的过程；巴文克则坚持，历史是上帝外在于祂本体的行动与工作，向我们启示祂不可改变的本质。

我在求学的过程中，许多高举"改革宗"或"归正"旗帜的长辈，都曾灌输给我一个观念：非基督教哲学仅是人们对普遍启示的回应，其自身并非普遍启示。如此传递改革宗的启示论，并不能说有错，但其实过于片面。巴文克经常论及"上帝在自然与历史中的言说"。这意思是，普遍启示乃是上帝透过创造与护理之工来显明自己。巴文克传承十七世纪荷兰改革宗，论及护理时，特别强调"上帝同在"（concursus Dei）的维度，亦即世界上所发生的每件事都全然是按照自然规律发生的（除非有上帝特殊的介入），也都全然是上帝的手在引导。这就意味，尼采谩骂基督教的文字、希特勒屠杀犹太人的暴行，全然是出于与上帝为敌的人，却也全然出于上帝的手。既然尼采是上帝所兴起的，那么他在那个时代所写过的每个字，也都成为了上帝间接启示祂旨意的媒介。

巴文克强调，"无人能规避普遍启示的权能"，希特勒不能，尼采也不能。[17] 巴文克兼容主义的第一层神学理据就在于，就连穷其一生抵挡上帝的人，都时不时会直接或间接、正面或负面地言说出一些片面真理，而这些真理都来自于普遍启示。巴文克甚至有时会说，崇拜偶像的异教不只是用扭曲的方式回应普遍启示，有时甚至会片面地教导普遍启示，成为普遍启示的媒介："正是偶像异教所教导的普遍启示授权于我们，使我们能够肯认内在于所有异教当中一切真理的片段。"[18]

由于"圣经教导说就连在异教徒当中都有某种上帝的启示、某种上帝之道的光照、某种上帝圣灵的工作"，因此我们能够也应该去分辨，有哪些异教以及非基督教哲学所教导的上帝真理，

---

[17] Herman Bavinck, *Reformed Dogmatics*, ed. John Bolt, trans. John Vriend, 4 vols. (Grand Rapids: Baker, 2003-8), 1:50.

[18] 同上，1:318。

是被教会遗忘的。[19] 在旧约时代，上帝经常兴起外邦的异教徒来提醒以色列人祂已经赐予他们的真理。相似地，在教会历史上，基督教神学一次又一次偏离圣经，而上帝总会借由护理的工作，适时兴起各样的宗教与哲学，或正面或负面、或间接或直接地来提醒我们回归圣经真理。

这就是兼容主义的第二层神学理据了。巴文克不只用心在各派哲学当中寻找普遍启示的片段，他也把上帝兴起各派哲学的历史事实当成是普遍启示自身，留心辨认上帝兴起这些哲学，是要如何提醒教会回归特殊启示的真理。譬如，他注意到，18世纪的基督教"神学几乎完全忘记了上帝的不可参透性"，而上帝就在那时"兴起"了康德的"哲学"来"提醒我们这个真理"。[20] 巴文克拒斥了康德批判哲学的整体框架，但他从不吝于选择性地将康德的诸般洞见纳入认信改革宗的主体当中。譬如，"当康德说我们的知识无法逾越感官经验的界线时，他是全然正确的。如果上帝没有（透过可感知的现象）来启示祂自己，那么（人间）就不会有任何对祂的认识"。[21] 正因如此，巴文克在本书中才会毫无保留地赞同某位新康德主义者的特定洞见。

当然，普遍启示所提供的知识在特殊启示的亮光之外，乃是"贫瘠而不充分，且不确定而一贯掺合谬误"的。[22] 普遍启示的主观不充分性，解释了本书当中的"对立"维度。普遍启示的世界历史是以特殊启示的救赎历史为轴心展开的，而世界历史就是上帝用以实现救赎历史的平台。唯有透过圣经所启示的教义以及救赎历史，我们才可能正确地解读上帝在世界历史当中所彰显的旨意。巴文克解读上帝借由思想史所启示的旨意时，并非牵强附会、一厢情愿，而是以特殊启示为诠释的规范，并且使用严谨的历史批判法来审视思想史的前因后果。他甚少讨论当代的哲学发展，因

---

[19] 同上。
[20] 同上，2:41。
[21] 同上，2:50。
[22] 同上，1:313。

为他无法未卜先知，预测当代哲学在将来如何提醒神学回归圣经。他只能从已然发生的历史去解释，上帝兴起了康德、施莱尔马赫、黑格尔、费尔巴哈这些哲学家，实际上对基督教神学带来了哪些教导与提醒。

综上所述，我们可以用一个比喻来理解巴文克的兼容主义。基督教神学就像是一栋房子，她的主体乃是以上帝的真理为建材。然而，由于住在里面的人都是罪人，所以常常造成建材的破损。基督教神学以外的房屋代表着各种哲学与宗教。住在其中的人对于上帝的真理都有人之为人的需求，因此他们会把上帝真理所建成的房子落下的残砖碎瓦拿去，放在自己的房子里。当他们这样作的时候，他们经常会修复这些建材，甚至把基督徒在这建材之上画蛇添足的荒谬内容给去除。神学家的职责不只是重新回到圣经去支取建材，他们也需要留意，非基督徒从上帝的房屋这里拿去并修复的建材，有哪些是正好能够填补基督教神学的破损之处的。这样作，并不会造成移植之后体质不符的问题，因为从非基督教哲学取回的建材，本来就应该是要用来建造基督教神学的，而非基督教哲学往往能够在上帝的护理之下，把这些建材修得更加合用。

此外，当巴文克带着历史意识去剖析西方哲学时，他很清楚地看见，现代哲学很多内容都是从基督教演变来的。虽然这些哲学整体上都偏离了基督教，但很多片面真理的论述却符合基督教的体系，而这些片面真理经常是基督教神学所遗忘的。譬如，布洛克就指出，巴文克选择性地采用了施莱尔马赫"绝对依赖的情感"一说，把这概念从施莱尔马赫的体系中抽出，放回改革宗正统的体系，因为这概念本来就是从拉丁基督教来的，在初代古典改革宗神学那里还有些精彩的发展，后来却被改革宗神学遗忘了。[23]

一言以蔽之，巴文克与新加尔文主义坚信"这是天父世界"以致"一切真理都是上帝的真理"，因此新加尔文主义反对"耶

---

[23] 见Brock, *Orthodox yet Modern*。

路撒冷与雅典"的那种分离主义。重生的理性不能对未重生的理性不屑一顾，或是一概否定，因为上帝经常会透过未重生的理性对我们说话，而凡是上帝所说的话，我们都当聆听。基督教神学必须拒斥一切非基督教的体系，但我们也必须肯定并欣赏这些体系里面的真理片段，并将之纳入基督教的体系，因为所有的体系里面都有上帝的普遍启示，而不单单是人对普遍启示的回应而已。

4. 结语

当代美国改革宗神学深受荷兰影响，不单是新加尔文主义，也有以当年坎彭为代表的分离主义。如稍早所述，这种结合产生了某种畸形的凯旋主义，一方面在教育等文化场域当中极尽分离耶路撒冷及雅典之能事，一方面又诉诸政治手段，试图让耶路撒冷去吞噬雅典。出于种种历史因素，华人改革宗跟随了美国改革宗的路线，又加上了许多华人文化的特色，以致产生了更加深刻的分离主义。华人改革宗很喜欢带着强烈的敌我意识去看待异己。一个广为人知的事实是：改革宗爱吵架，华人改革宗特别爱吵架，不只喜欢跟改革宗圈外的人吵，也喜欢在圈内争论谁才是真正的改革宗。

确实，从历史神学及教义学的角度而言，分辨"真正的改革宗"乃是必要的，而本书恰好为读者呈现了原汁原味的改革宗。改革宗兼容主义不是相对主义，也不是一味追求合一而无视真理排它性的 20 世纪大公主义（ecumenism）。改革宗兼容主义拒斥非基督教的体系以及预设，但也主张谦卑地从非基督教体系当中直接或间接、正面或负面地学习上帝透过普遍启示所赐下的真理，并承认许多真理被教会忽略或遗忘时，非基督教的体系往往能把这些真理讲得更透彻、更精彩、更有深度。巴文克如此处理非基督教哲学，而他对基督公教、路德宗等基督教体系就更加敞开了。

华人改革宗对于兼容主义的精神与神学，有迫切的需要。举例说明，笔者透过服事、教学的经验发现，许多华人改革宗信徒都被灌输过"阿奎那（Thomas Aquinas, 1225-1274）是异端"的观念，笔者好友葛拥华博士在公开讲座分享阿奎那的自然神学以及宇宙论证（cosmological argument）时，甚至遭到一些改革宗人士的激烈抵制。事实是，正统的改革宗神学从来没有把自然神学视为异端，正如巴文克所言，"宗教改革诚然采纳了这套（基督公教）自然神学以及它的（上帝存在）论证，只不过不（像基督公教）是将它当作先于信心教义（the doctrine of faith，亦即透过相信特殊启示而获得的真理）去处理，而是把它纳入信心教义当中。"[24] 巴文克甚至表示，在某种特定意义上，中世纪经院哲学其实"正确地把自然神学赋予'信心导论'（praeambula fidei）的地位"。[25]

"阿奎那是异端"的教导在华人改革宗圈子里如此盛行，正反映了一种违背改革宗神学原则的分离主义及敌我意识。倘若读者认真阅读本书以及巴文克成熟时期的著作，或许能够渐渐摆脱这种盛行于改革宗圈子却不符合改革宗神学的态度。改革宗神学运动在今日华人教会已蔚然成风，并带来了长老会及改革宗浸信会建制运动、基督教教育及在家教育运动等，影响甚为广泛。笔者盼望，我们能够在这么多的"运动"当中能够暂时停下脚步，好好阅读改革宗的经典著作，反省我们在诸般运动中所体现出来的样貌是否真的符合改革宗的精神与原则。

---

[24] Bavinck, *Reformed Dogmatics*, 2:78.
[25] 同上，1:322。

英译本致谢

若没有许多人的慷慨帮助，这个研究项目不可能圆满成功。首先，我们要感谢约拿单·吉布森（Jonathan Gibson）对本作的热情，并让我们与十架之路出版社（Crossway）取得联系。也要感谢十架之路的贾斯汀·泰勒（Justin Taylor）和吉尔·卡特（Jill Carter）监督此工，以及他们为完成此研究项目的委身。

除了经常难以理解的荷文句法结构外，赫尔曼·巴文克（Herman Bavinck）还用德文、拉丁文和其他外文短语或引句，来华丽地点缀其散文。因此，我们在翻译过程中咨询了许多人予以协助。关于他们在这方面的帮助，我们要感谢米歇尔·布劳提冈（Michael Bräutigam）、乌尔里希·施密德（Ulrich Schmiedel）、尼古拉斯·亚当斯（Nicholas Adams）、道尔夫·特·费尔德（Dolf te Velde）、艾克·奥斯特泽（Ekke Oosterhuis）和玛蒂尔德·欧斯特豪斯·布洛克（Mathilde Oosterhuis-Blok）、布莱姆·范·德·霍伊维尔（Bram van den Heuvel），特别是耐心的马里努斯·德·容（Marinus de Jong）。

廖绍良（Gray Sutanto）：我要谢谢圣约城市教会（Covenant

City Church）的长老团和同工的耐心，并愿意给我时间来从事这项工作——特萨尔·普特拉（Tezar Putra）、以利戶斯·普雷巴迪（Elius Pribadi）、布雷特·博纳玛（Brett Bonnema）、杰奇·朋斯（Jackie Burns）、艾蜜莉·汉德拉迦迦（Emily Hendradjaja）、蒂芬妮·维佳雅（Tiffany Wijaya）。能与如此出色的团队一起工作，真是一件让人喜悦的事。我也感谢我的未婚妻（写本文时）印蒂塔·普罗伯苏特佐（Indita Probosutedjo）的耐心、关怀和爱；我双亲廖斯忠（Leo Sutanto）与廖立远（Elly Yanti Noor）；我的姐姐们廖佩佩（Novi）、廖青苹（Mitzy）、廖银星（Cindy Christina）；还有我的姐夫们艾尤·基斯纳迪（Aryo Kresnadi）和苏甘达尔·阿德里安斯亚（Adriansyah Sukandar）。上帝的护理与关怀，常常透过他们的同在，而变得切实可见。

恩雅各（James Eglinton）：非常感谢绍良和柯瑞邀请我加入这个让人兴奋的翻译项目。

柯瑞·布洛克（Cory Brock）：感谢杰克逊第一长老教会（First Presbyterian Church Jackson）给予我时间，让我在早期服事的日子里完成此作。而且，对于廖绍良和我来说，雅各的专长对于完成此项目而言是无价的，这要特别归功于他。

我们承认所有错误和瑕疵都由我们自己负责。

廖绍良、恩雅各与柯瑞·布洛克
雅加达、爱丁堡与杰克逊
2018 年 9 月

英译本引言：面向21世纪的赫尔曼·巴文克

廖绍良、恩雅各、柯瑞·布洛克

  自《改革宗教理学》（*Reformed Dogmatics*；2003-2008）的英译本面世以来，赫尔曼·巴文克（Herman Bavinck，1854-1921）——19世纪末至20世纪初的荷兰改革宗传统的主要教理学家——在21世纪神学家中广为流传。巴文克诞生于正统改革宗传统，源于1834年从荷兰改革宗教会（Dutch Reformed Church）出走的分离派（Afscheiding）。该传统委身基督新教正统性的同时，也致力于在晚期现代荷兰迅速变化的文化环境中对正统性的清晰表达。

  现代欧洲人（含蓄地包括了巴文克）共有的文化经验之特征，是不断的社会性、智性、技术性、文化性和属灵性的动荡。布兰宁（T. C. W. Blanning）明确地描述了这一代人始终存在的觉悟，即"大地在他们的脚下移动。"[26] 巴文克是坎彭神学院（Theological School in Kampen）的系统神学教授，后来（在撰写本文时）

---

[26] T. C. W. Blanning, introduction to *The Oxford Illustrated History of Modern Europe*, ed. Blanning (Oxford: Oxford University Press, 1996), 1.

于阿姆斯特丹自由大学（Free University of Amsterdam）任教。他以神学家身份撰写此论文，阐述他那不断变化的晚期现代世界。本书中的观念最早发表于 1904 年阿姆斯特丹的教席演说中。此讲稿在演说后就即刻出版，且销量甚快。第二版扩充版于 1913 年付印，第三版（去世后发行，没做任何更改）则于 1927 年面世。还值得一提的是，他打算将他于 1908 年的"斯通讲座"（Stone Lectures）——以《启示的哲学》(*Philosophy of Revelation*)之名出版——作为进一步阐述本作观念的续集。[27] 本书《基督教世界观》是巴文克对一个各方面都正处在深刻变革之困境中的世界，进行论述的第一本英译本。

1. 基督教世界观的轮廓

于巴文克的背景中，欧内斯特·勒南（Ernest Renan）的哲学——以及其科学唯物主义的精神——已经主导了 19 世纪后期。然而，随着这种思想的发展，扎拉图斯特拉（Zarathustra）的青年已告失败了：虽然古典基督宗教备受怀疑与蔑视，但宗教并没有死。在此环境中，巴文克以记录这"现代"的问题之后果，来开始他的《基督教世界观》（*Christelijke wereldbeschouwing*）一书："在现代中首要冲击着我们的，是消耗自我（self）的内在不谐。"[28] 他认为当今世界中人格的败坏意识，源于"对普遍的基督教信仰的厌恶"，和普遍性地对历史宗教的厌恶。[29] 虽然每个人内心不可否认是宗教性的，但那个时期对客观宗教的否认，让位给一个身心灵中疾病

---

[27] Herman Bavinck, *Wijsbegeerte der Openbaring* (Kampen: Kok, 1908), 275n31. 现代英译版为 *Philosophy of Revelation: A New Annotated Edition*, ed. Cory Brock and Gray Sutanto (Peabody, MA: Hendrickson, 2018), 23n61。中注：中译本见：赫尔曼·巴文克，《启示的哲学》，赵刚译（成都：四川人民出版社，2014）。

[28] 见下文72页。在此编者引言中，巴文克《基督教世界观》的引文是按照本作的页数来引用。

[29] 见下文73页。

的浮现:紊乱人格的不和谐。那就是如巴文克于1904年所写:"我们的思考和感觉、决意(willing)和行动(acting)之间不和谐,宗教与文化、科学与生活之间亦有不谐。"[30]

他认为,现代自我既借科学(思考)之手贬损了宗教(感觉),又迫切地需求它所拒绝的事物。现代意志感觉到道德秩序的重要性,但所行的与自身最深切的需求和渴望脱节。在这里,人们觅得"世界观"(worldview)的简单定义:这是在宗教、科学和哲学之间达成主要协议的基础上,对统一自我、头脑和心灵的一种尝试。简而言之,世界观与生活观意味着信心寻求理解。值得注意的要点是,巴文克所偏好的字眼是"世界观和生活观"(world-and-life view),而不只是"世界观"(worldview)。"世界观和生活观"中的"世界"所指的是一个客观领域,是自我以外的实在(reality);"生活"指的是人类主体,意识以及其需要、渴求、知识、情感。一个统一的"世界观和生活观"寻求证成主观与客观间的合一。巴文克便在20世纪初指出:"这个时代缺少一个'合一的'(einheitliche)世界观和生活观,因而该词就是我们今日的标语。"[31]

正因如此,借着对伊曼努尔·康德(Immanuel Kant,1724-1804)的"直观"(Anschauungen)概念进行重大改编,巴文克与亚伯拉罕·凯波尔(Abraham Kuyper,1837-1920)的"世界观"(wereldbeschouwing)促使当代"基督教世界观"之概念的诞生。基督教"世界观"独特地处理了所有世界观必须面对的几个基本问题,并提出了一个衍生论题:

> 思考与存有(being)、存有与成有(becoming)、以及成有与行动(acting)之间的关系为何?我是什么?世界是什么?我于此世的定位和职责是什么?独立自主

---
[30] 见下文72页。
[31] 见下文72页。

的思考无法就这些问题找到令人满意的答案——它在唯物主义和灵性主义、原子主义和动态主义、律法主义和反律主义之间，摇摆不定。但是基督教保持了（它们之间的）和谐，并向我们揭示了一种智慧；这智慧使人与上帝之间得以复和，并由此带来与自身、世界和生命的复和。[32]

这些问题是哲学和神学领域中重大课题的速写，这类问题自身有时会强加于每个有思想的人。例如，上述第一对（思考与存有之间）涉及认识论：我怎么知道我所看到的实在是真的为之所是？或更恰当地说，我怎知我所经历的实在是值得信赖的？第二对（存有与成有之间）是对同一性（identity）与变化（change）之关系的含蓄指涉。我们如何在横跨时间时解释同一性，或者在多样性（multiplicity）中，甚至在部分（parts）之差异中，解释某种本质的合一？第三，成有与行动这一对指向伦理学的问题。我该如何活？什么是良善？寻求头脑和心灵之连贯性的个体，会结合诸如此类的问题，以及其宇宙哲学（cosmogonic）和目的论（teleological）的观点，形成一种世界观和生活观。

但是，为何如此？对于巴文克来说，世界观是如何产生的？读者在本书中不会找到关于世界观或世界观形成的单一定义或单一论题。相反，他必须把固定的片语、同义词和隐含的解释拼凑在一起。在第一章里，巴文克很有助益地解析了一个个体达至一个世界观的普遍路径。人们可能会以认知一个包罗万象之实在（形而下和形而上的实在）的路径开始。而且，与世界观类似的词汇比比皆是。世界观（至少）与"全备的智慧"（comprehensive wisdom）[33]密切相关，或者特别是在基督教世界观的情况下，与"基督教的智慧"[34]密切相关。然而，对巴文克而言，智慧和世界观不

---

[32] 见下文76-77页。
[33] 见下文91页。
[34] 见下文93页。

仅仅是同义词："凡弃掉主圣言的人，不可能拥有智慧。"[35]（在这方面，此文与英语界的改革宗神学把世界观与智慧互相对立的新近动向，形成了有趣的反面立论；这如同在说前者在很大程度上跟知性有关，并与后者健全具象的本性形成反差）。

巴文克认为，每一个个体都是先接受世界透过感知（sensation）的方法向其陈述。这些感知诞生了概念（concepts）——而这些概念与存有的世界相对应。我们经历、判断、学习和搜集。这些经历引起了对真理、形而上学的追求。形而上学的觉知，如同最具历史意义的智慧，并非按先验的方式（a priori）出现。"科学的结果是并仍然是哲学的起点。"[36] 智慧或哲学的目光超越科学。它往真理所在之处去寻觅。它统一并力图达到"首要本源"（first principles）。[37] 它在哲学思想的领域中追溯"主导观念"（leading ideas），并找到它们的共同之处。[38] 智慧寻求"部分（parts）中的整体（whole）之概念"；当智慧找到它时，人不仅会发现哲学的统一原则，而且会发现宗教的基础。[39] 全备的智慧旨在把实在当作整体和其所是来认知，以及认知它所需要的一切。一个世界观和生活观就此产生；人们在这里获得对万物最终基础的愿景，所有知识领域在其中相互连贯，首因（primary cause）在这里解释和赐予生命，宗教也在这里对那全备的智慧产生影响，一起为生命揭露相同的首因。

对于巴文克而言，世界观既不是先验主义（apriorism），也不是将公共知识分子分隔到整齐隔间的脆弱理论。相反，它是一个控制性的原则与姿态，在宗教对科学和智慧（哲学）产生影响时首次被发现，就是发现它们彼此之间的一种合一，即尝试同时满足头脑与心灵的合一。借弗里德里希·阿道夫·特伦德伦堡

---

[35] 见下文84页。
[36] 见下文92页。
[37] 见下文92页。
[38] 见下文92页。
[39] 见下文92页。

（Friedrich Adolf Trendelenburg）之言，巴文克认为智慧既源于也导向一个世界观，"因为它确实是'观念之科学'（Wissenschaft der Idee）。"[40] 智慧是可能的，因为这世界首先被那神圣智慧自由地认知。因为宗教是不可避免的；在巴文克看来，甚至唯物主义者也持守一个宗教性与科学性的世界观和生活观，一个信仰和事实的重大问题。即使只考虑感官感知，上帝的启示在言说并对人格（personality）说话："抬头看。"只有基督教世界观可以提供真正的自我和谐：上帝与世界、上帝与自我、自我与世界之间的真正和谐。

换言之，巴文克为思想我们如何思考提供了一个三重框架。首先，一般性科学产生于我们的观察和判断。我们乃获知有关真实世界的事物。第二，根据我们与这个实在的关系，我们也做出形而上的判断——我们寻索真理，包括何谓真实与如何真实地活着，而这个寻索是有关智慧的学科（discipline）。最后，当寻索一个全备合一的智慧符合且屈于宗教的要求，包括宗教的本体和伦理的要求时，就有了一个世界观和生活观。从那里开始，他的世界观和生活观不会维持静态。相反，它重新解读宇宙、感知和形而上的断言，并不断进行调整，始终力求令头脑与心灵满意。它争取主观和客观的合一。一个世界观就是一幅地图，通过长期细心的研究而画成，源自对地理的实际知识、虔诚的宗教、对真理的渴望，并且易于更新。终究，地图是根据研究而制作的——有些是仔细、细致、真实的，有些则不然。有些地图会诉说所显示的细节，有些却是错误的。可是我们必须绘制地图。撇开比喻不谈，一个世界观和生活观意味着，随着时间的流逝并在了解所呈现的实在的过程中，人们已经对存在的基本宗教与哲学问题，有了一个基本与初步的答案：我是什么？我从何而来？我的心思（mind）如何与外在世界关联？我认知吗？我怎么认知呢？我要如何行？人生的意义为何？我要往哪里去？

---

[40] 见下文92页。

本文译自 1913 年的更新版。巴文克解释了为什么只有基督教拥有对现代世界中的不和谐自我的解决方案，并特别关注认识论、变化和伦理。基于上帝的恩典复原并完善自然，巴文克认为只有基督教才能理解人类最深切的需求，并同时"证成"（justifying）我们接洽客观世界的"前设"。[41] 之所以如此，他认为是因着基督是创造与再造、自然与恩典的管家。

2. 对文本的说明

原荷文文本包含未翻译的德文、希腊文、拉丁文和法文的词汇与片语。我们并非简单地将这些片语翻译成英文，而是在巴文克使用外来词汇的每个地方，都予以标示，因为它们常常示意一些对巴文克来说重要的资料来源。有鉴于此，我们在翻译中呈现了两类带括号的外来词汇：荷文与非荷文的外来词汇。首先，我们将荷文词汇放进括号，因为原来的荷文可能对英文读者有所帮助；假如不提供原文，读者有可能错过本来想要传达的细微差别。至于荷文词汇的英文译名，我们省略了引号，以保持这些词汇对原来读者而言所有的母语感。其次，我们将其他外来词汇放在括号中，并为英文翻译配上引号，以表明这些词汇对原来读者而言是陌生的。在少数情况下，一些外来词汇需要在正文中保留，故此那些英译名（而非外来词汇）也会配上括号。

我们力求在此译本不牺牲英语流畅度的前提下，保持准确性并保留其原始含义。在某些我们认为若不添加一些字词，其翻译成英文的句子就会没有意义的情况下，便会添加字词。我们的目标是使文本尽可能易于理解，同时也鼓励学术型的读者将原文与此译文结合阅读。

---

[41] 见下文84页。

第二版巴文克序

于1904年面世的《基督教世界观》的第一版已经售罄一段时间，出版商认为第二版仍会大受欢迎。有鉴于此，我再次细读了这本专著，并做了些变更。1904年，此作亦被用作教席演说，但由于篇幅所限，实际上只发表了一小部分。现在这个书面形式，不会再让读者联想那场演说（缩短版）。此版确实在各处都进行了变更；在正文中，尤其是在注解中，插入了一些补充说明。最后，为了提升这本小书的实用性，我在最后添加了目录和索引。愿透过阅读此著作，能大大增强你的信心，带领你直至基督教世界观的真理与美丽。

巴文克
阿姆斯特丹
1913年5月

一. 导论

随着从 19 世纪进入 20 世纪,许多有名之士大胆地尝试界定刚刚逝去的一百年的时代特征。[42] 尽管只是提供一项近似的界定,他们尝试如此行是为了就生命潮流的动向提供自身的见解。[43] 然而,他们要勘察的领域如此之广,吸引他们注意的现象如此多样、重要且复杂,以至于无人能成功地以单一的公式去概述那个迅速发展的世纪,或以某些单一的特征来定义未来的动向。当有人在历史与自然科学之觉醒中寻觅上个世纪的**特定**特征时,另一边则有人关注商业的发展、机械制造的意义、对解放的渴望或民主的进展。尽管有些人认为我们今天生活在以新神秘主义(neomysticism)或新浪漫主义(neo-Romanticism)为标志的时代,但另一些人则认

---

[42] 英注:巴文克于1904年发表此演讲。
[43] 例,见H. S. Chamberlain, *Die Grundlagen des neunzehnten Jahrhunderts* (München: Bruckman, 1904); Theobald Ziegler, *Die geistigen und socialen Strömungen des neunzehnten Jahrhunderts* (Berlin: Bondi, 1901); Ludwig Stein, *An der Wende des Jahrhunderts* (Freiburg: J. T. B. Mohr, 1899); Ernst Troeltsch, "Neunzehntes Jahrhundert," in *Realencyklopädie für protestantische Theologie und Kirche* (Graz: Akademische Druck- u. Verlagsanstalt, 1896–1913), 24:244–260。

为心理主义（psychologism）或相对论、自主性（autonomy）或无政府状态（anarchy），是对我们过去一直在进展之动向的更佳描述。虽然真理或许确实可在这一切名称中被发现，但这些名称无一表达了现代生活的丰富。

因为在现代中首要冲击着我们的，是消耗自我（self）的内在不谐，以及驱使自我的焦躁性忙碌。"世纪之交"（fin de siècle）被描述为一段过渡期（overgangstijdperk）；可是此称谓意义甚微，因为每个时期都是一个过渡期。但这一时刻的独特性在于，当每个人都察觉"世纪之交"无法像这样继续下去，并且有些人相较他人更期望这个时刻迅速逝去时，每个人都将这个时刻视为一个过渡期。[44] 我们的思考和感觉、决意和行动之间不和谐。宗教与文化、科学与生活之间亦有不谐。这个时代缺少一个"合一的"（einheitliche）世界观和生活观（wereld- en levensbeschouwing），因而该词就是我们今日的标语。[45] 对此种和谐的追寻，是一切有兴趣跟随他们时代之人所要参与的工作。

"勒南时期"（period of Renan）连同其科学唯物主义、宗教现代主义、道德功利主义、审美自然主义和政治自由主义，都不再是时代的精神。于是，年轻的一代出现了。他们对已被唤醒但未被满足的期待感到失望，并再次被存有的奥秘所折磨。新生代开始浮现，把我们迄今为止光荣推进的洞见，替换为对围绕我们的未知（ongekende）与不可知（onkenbare）之事的认可（erkentenis）。在对科学和文化持续偶像化的同时，我们觉察到向神秘的观念论、未见之事的模糊信念的回归；这在各个研究领域都有影响。若我们愿意，就可以发觉对赤裸裸的利己主义的无耻运用，也可以看到为群体献身；即便这种献身具有疯狂的禁欲主义和共产主义的形式，这也使我们充满敬意。在文学和艺术中，最平淡的实在主义，与对

---

[44] Ziegler, *Die geistigen und socialen Strömungen*, 561.
[45] 此词的来源与意义，见 James Orr, *The Christian View of God and the World* (Edinburgh: Elliott, 1893), 1, 415; Albert Maria Weisz, *Die religiöse Gefahr* (Freiburg: Herder, 1904), 106。

自然和历史中的神秘主义层面的热爱，以及与对象征性事物（symbolische）的尊崇，相互交换。爱国主义在这里沦为狭隘的沙文主义（chauvinism），因而为了"无家可归的人性"（vaderlandlooze menschelijkheid）而牺牲。环境理论和种族本能理论[46]的地位，遭受英雄崇拜、天才膜拜（genieëncultus）和超人（Übermensch）神化的挑战。[47]除了一个尊荣一切存在的历史性意义（historischen zin），我们还发现了一种鄙视历史层面的革命性冲动。复古（repristination）和解放（emancipation）为了战利品相互角力。马克思和尼采[48]联手赢得公众的青睐。文明的人性在社会主义与个人主义、民主体制与贵族体制、古典主义与浪漫主义、无神论与泛神论、不信与迷信之间来回摇摆。

然而，这两个运动的共同点无疑是对普遍的基督教信仰的厌恶。纵然现代运动确实各有不同，但历史的基督教显然已经过时了。它不再符合我们哥白尼式的世界观、我们对自然及其不变法则的了解、我们的现代文化、我们对生活展望的今世性（Diesseitigkeit）、我们对物质的价值观。《圣经》的思想世界（gedachtenwereld）不再内嵌于我们观点的框架（kader van onze denkbeelden）。整个基督教，连同其三位一体和道成肉身、创造和堕落、罪咎和救赎、天堂和地狱的教导，都属于一个过时的世界观，因而已经一去不复返了。它不再对我们这世代说话，并且因一道鸿沟而与我们的

---

[46] 英注：巴文克在此所指的，是由以下等人在19世纪欧洲所推进的决定主义理论：欧内斯特·勒南（Ernest Renan, 1823-1892）认为本能的种族特征决定了行为特征，而希波吕特·泰因（Hippolyte Taine, 1828-1893）提倡天才是种族和环境的产物。

[47] 英注：巴文克所指的是德国浪漫主义中典型的"天才崇拜"。与前面提到的行为的决定主义理论相反，浪漫主义礼赞天才，其英雄主义植根于超越和打破定律和惯例的能力；弗里德里希·施勒格尔（Friedrich Schlegel, 1772-1829）代表了这一观点。而在弗里德里希·尼采（Friedrich Nietzsche, 1844-1900）著作中，天才则被礼赞为"超人"（Übermensch）。

[48] 英注：卡尔·马克思（Karl Marx, 1818-1883）是一位德国哲学家和政治理论家，其作品显著地塑造了之后的社会主义思想。尼采（Friedrich Nietzsche, 1844-1900）是一位德国哲学家，对西方思想产生了重大影响。

现代意识和生活隔绝。迈尔·本菲（Meyer-Benfey）[49]说道，"上帝"、"灵魂"和"不朽"这些"旧观念"（Schlagwörter）对我们已经失去意义。今天谁仍觉得有必要争论上帝的存在呢？我们不再需要上帝，在我们的世界中，祂不再有立足之地。让老迈的隐士在树林里继续敬拜他的上帝。我们这些查拉图斯特拉（Zarathustra）的青年，知道上帝已死，且不会再复活。[50]

然而，这种对基督教的弃绝，与现代生活中困扰我们的内在不谐汇聚，促使人们质疑这两种现象是否也有因果关系。当我们看到没有人能为基督教信仰的消亡而感到安慰，并且每个人都在幻想寻找一种新宗教时，这个问题就变得更加迫切了。尽管成千上万的人嘴巴上说，不仅基督教，所有宗教都终结了，可是每天都呼吁新宗教、新教理和新道德之人的数量在逐步增加。认为宗教信仰已经过去的那个时代，从我们眼前飞逝而过。怀着科学、美德或艺术会使宗教变得多余之期待的人只占少数。正是宗教的失落在各地产生众多新宗教的创立者。这些宗教由最诡异和最疯狂的元素构建而成。有人投身达尔文和海克尔、尼采和托尔斯泰、黑格尔和斯宾诺莎这些流派。[51]有人则根据宗教性土地和民族的历史，前往印度和阿拉伯、波斯和埃及寻找他想要的事物。有人从神秘学（occultism）和神智学（theosophy）、灵性主义（spiritism）和魔术借用素材。因此，一切都成为宗教崇拜的对象，

---

[49] 英注：海因里希·迈尔·本菲（Heinrich Meyer-Benfey, 1869-1945）是一位德国文学学者。

[50] Heinrich Meyer-Benfey, *Moderne Religion* (Leipzig: Baker, 1902), 130. 英注：尼采的《查拉图斯特拉如是说》（*Thus Spoke Zarathustra*）是一部哲学小说，阐述了上帝之死与超人的出现。中注：中译本见：尼采，《查拉图斯特拉如是说》，黄明嘉译（桂林：漓江出版社，2007）。

[51] 英注：巴文克在此所指的是英国自然论者和进化论者查尔斯·达尔文（Charles Darwin, 1809-1882），德国生物学家与哲学家恩斯特·海克尔（Ernst Haeckel, 1834-1919），德国哲学家弗里德里希·尼采（Friedrich Nietzsche, 1844-1900），俄罗斯小说家列夫·托尔斯泰（Leo Tolstoy, 1828-1910），格奥尔格·威廉·弗里德里希·黑格尔（Georg Wilhelm Friedrich Hegel, 1770-1831），和犹太荷兰哲学家本尼迪克特·德·斯宾诺莎（Benedict de Spinoza, 1632-1677）。

包括世界与人类、英雄与天才、科学与艺术、国家与社会、精神世界与自然力量。这些都各有自己的神性。不仅如此，宗教已成为许多人的私事，并按他们自己的意愿而安排。然而，他们所有人都希望致力于"宗教的改进"（Weiterbildung der Religion），一个尚未出现的新宗教，一个可以取代和修缮超自然且"他世性"（jenseitige）基督教的"今世性宗教"（Diesseitsreligion）和"世界宗教"（Weltreligion）。[52]

基督宗教不以冷漠看待对堕落人性的探究和摸索，乃是保持沉着的平静，甚至带着喜悦的确定。它对立于现在以**宗教**名义进行推销的事物。如果我们了解基督教的权利（recht）并希望维护它的本质（wezen），那么我们除了对当今制度以及由其自身发明并塑造的世界观采取坚定反对的立场，别无选择。这里并无"中介"（Vermittlung）的问题，亦无复和的想法。时代太严峻了，以至于无法轻率地对待这个时代的精神。基督教信仰与现代人[53]之间深刻而鲜明的对立必使我们认识到，从两者中各挑选一部分是不可能的，而二中择一已责无旁贷。不管宁静有多么美好，斗争都落在我们身上。[54]

然而，我们没有理由感到沮丧。敌人自身向我们提供了与他

---

[52] Weisz, *Die religiöse Gefahr*, 78-110; Engelbert Lorenz Fischer, *Die modernen Ersatzverusche für das aufgegebene Christentum* (Regensburg: Manz, 1902); E. Haach, *Die modernen Bemühungen um eine Zukunftsreligion* (Leipzig: Wallman, 1903); Pierre Daniel Chantepie de la Saussaye, 'De godsdienst der wetenschap,' *Onze Eeuw* (Nov.) 1904, 394-420; Theodor Simon, *Modern Surrogate für das Christentum* (Berlin: Hobbing, 1910); Pearson McAdam Muir, *Modern Substitutes for Christianity, the Baird Lectures for 1909* (London: Hodder and Stoughton, 1909); David Balsillie, *Is a world-religion possible?* (London: Griffiths, 1909). 人们还进一步思考了以下宗教运动：一元论同盟（Monistenbond）、东星会（Order of the Eastern Star）、新思维教会（Church of the New Thought）、日本内务副大臣十胜南（Tokonami）的世界宗教、安妮·贝赞（Annie Besant）、阿博都·巴哈（Abdul Baha）等。
[53] Bartholomaus von Carneri, *Der moderne Mensch* (Stuttgart: Strauss, [ca. 1910]).
[54] Ernst Gustav Steude, "Auf zum Kampfe," *Beweis des Glaubens* 40 (January 1904): 3-23.

作战的武器。当基督教所提供的复和被拒绝时，内在于人心的上述分裂就会不可避免地浮现。我们本质（wezen）中的一切不和谐都源于以下事实：根据我们良知的见证，虽然我们因罪孽与上帝隔离，但是我们不能失去与祂的团契。[55] 如果我们因为基督教不适合我们而予以拒绝，那么它同时证明了它对我们而言是必不可少的。正当这个世界呼喊"远离基督"时，基督在祂的死中正好表明，只有祂才能给世界带来生命。基督教并不适合现代人类所形成的有关世界和人生的反常概念，而是与之截然相反。可是，因着世界与生活就是自身之所是，它们彼此之间就有更好的契合。凡摆脱了今日的偶像，并认识到要超越科学和学院中盛行之偏见的人；凡清醒和警觉地直面事物本身，并按着世界和人类、自然和宗教自身真实之所是而待之的人；他们都会更加坚持，甚至强化以下信念，即基督教是唯一拥有契合世界和生活之世界观与生活观的宗教。[56] 基督教的观念和实在的意义同属彼此，就如同钥匙和锁头一样；它们同在一处才有意义。[57] 古时就在处理的三大问题清楚说明了这一点；这些问题亦塑造了一种世界观和人生观。

在古希腊，哲学被普遍地称为科学（wetenschap），并被分为辩证法、物理学和伦理学。这些名称的含义在一定程度上可能会被修改，或是替换为别的名称，例如逻辑 [智能论（noëtica）]、自然和精神的哲学；但是，所有分类最终都归结为这古老的三部曲。[58] 人类精神（geest）所面临的问题总是回归于此：思考与存有、存有与成有、以及成有与行动之间的关系为何？我是什么？

---

[55] 参Paul Tillich, *Mystik und Schuldbewusstsein in Schellings philosophischer Entwicklung* (Gütersloh: Bertelsmann, 1912)。

[56] 虽然基督教本身不是一门科学或哲学，而是一个宗教，但它暗示了一个对世界和生活的明确观点。 Orr, *Christian View*, 3-36已经清楚证明了这一点。

[57] 中注：荷文在此使用一句俚语"het sluit als een bus"，意指"说得通"、"很合理"。

[58] Eduard von Hartmann, *Philosophie des Unbewussten* (Leipzig: Haacke, 1904), 3:18.

世界是什么？我于此世的定位和职责是什么？独立自主的思考无法就这些问题找到令人满意的答案——它在唯物主义和灵性主义、原子主义和动态主义、律法主义和反律主义之间，摇摆不定。但是基督教保持了（它们之间的）和谐，并向我们揭示了一种智慧；这智慧使人与上帝之间得以复和，并由此带来与自身、世界和生命的复和。

二. 思想与存有

　　鉴于思考（denken）与存有（zijn）的难题，这复和首度出现。从古到今，人们就一直在冥思我们里头的灵（geest）[59]如何对我们身外事物有意识，以及我们的心思如何认知（kennen）它们。换言之，人类知识（kennis）的起源、本质和局限为何？可以肯定的事实是，在没有强迫之下，我们自身就在假设一个存在于我们身外的世界，而借着感知与思考，我们力图让它成为我们的精神财富。并且在如此而行后，我们还设想我们应该获得这个世界的确实与可靠的知识。可是，对独立于我们意识之实在的信心依托于什么基础呢？有什么可以保证我们的意识（透过观察与思考而得丰富）对应于存有的世界呢？

　　只要人沉思这个问题，他的结论终将是非此即彼，不是为存有舍弃知识，就是为知识舍弃存有。经验主义（empiricism）只信靠感官的感知（sensible perceptions），并相信基本感知可处理为表

---

[59] 英注：Geest具有广泛的语义范围，它可以指心思、灵或灵魂。中注：中译本以直译方式采用"灵"为译名。

征（representations）和概念、判断与决定，使我们离实在越来越远，并只给予我们一些观点（denkbeelden）。[60] 这些观点尽管是清晰的，且在主观上是不可或缺的；可是它们纯粹是唯名的（nomina）。主观表征亦如是，无非是"声音的气息"（flatus vocis），未发出声响，只是"心思的概念"（conceptus mentis）而已。相反，理性主义（rationalism）判定感官感知不能提供我们真知识，只把粗略与不稳定的现象（phenomena）带进我们的视野，同时不让我们看到事物的本质。因此，真实与必要的知识并不来自感官感知，而是来自人自身心思的思想；透过自我反省，我们得知事物的本质与世界的存在。

在这两种情况和两个动向上，主体与客体、认知与存有之间的和谐都被打破了。对于前者（即经验主义），世界是唯名地（nominalistically）[61] 被分割成诸多部分；对于后者（即理性主义），实在是超现实地（hyper-realistically）与观念（idee）等同。前者中有感觉主义（sensualism）与唯物主义的威胁，而后者有观念论（idealism）与一元主义（monism）的危险。之于两者，真理的概念、"理智与事物的一致性"（conformitas intellectus et rei）的概念，思想与存有之间的对应，已不复存在。因为在经验主义中，这种对应于可经验的、感官上可感知的实在一同失落；而在理性主义中，它贯彻于思想与其自身的对应、某种内在清晰性和逻辑必要性。因此，两个动向都会出现以下最终的问题，即真理是否存在，以及若存在，何为真理。

然而，真理对我们的认知能力来说，是不可或缺的美善，因而是所有科学（wetenschap）的目标。假如没有真理，一切知识与科学也都会随风而去。故此，基督教主要在此展现了其智慧，即

---

[60] 中注：英译本此处将荷文denkbeelden译作ideas，但也可译作notions。荷文idee（ideeën）亦可译作idea（ideas），对应于德国观念论的思想。中译本为了予以区分个中意思，此处采用"观点"为荷文denkbeeld的译名。

[61] 英注：巴文克所使用的"唯名论"（Nominalism）指以下哲学观点：实在中不存在普遍本质或抽象概念。

它认知与保存作为一个客观实在的真理；此实在独立于我们的意识而存在，并且借上帝在祂自然和恩典之工中向我们展示出来。因此，每个人自发地前进乃基于以下信念：客观世界存在于他自身以外，并且客观世界是按他在清楚感知中所认识的那样存在。他对此未生疑虑。只有当他后来试图解释他之所以能以这种方式前进的理由和基础时，才会对自己行为的正当性产生怀疑。首先，物理实在与心理的知觉（gewaarwording）[62]之间的区别与距离是如此之大，人们似乎无法谈论两者间的对应性和并发性。另一个问题则是，一个信心的自发行动构成对外在世界之实在的接受，与我们对感官感知之真理的信靠的基础；此信心的科学凭据无法在最深刻反思的审查下得到证实。在这里，凡是不想以信心出发却索要足够证据的人，将使自己与科学的道路隔绝，并踏上怀疑主义的滑坡。

这种失足随着以下主张已然发生：我们除了直接知道自己的知觉（gewaarwordingen）和表征，对其他一无所知。凡是如此说的人，已经陷入了观念论的陷阱，无法通过任何推理来解放自己：完全同样的推理会应用于一个人想为外在世界之实在和感官感知之可信赖性所提出的所有证据。没有任何的因果律可以把一个接纳观念论原则与出发点的人，从他的表征的北高加索圆环舞（tovercirkel）[63]中释放出来：他只可能从一个表征中推断出另一个表征，而永不能透过推理在思考与存有之间的鸿沟上架桥。连唯意志主义（voluntarism）在此也无用武之地。从观念论的角度来说，意志所遭遇的反对将意志本身转化为一种表征。于是，意志与其反对者不再是源于"我的意识"的两个独立实在，乃是彼此之间有一定关系的两个意识行为（bewustzijnsacten）。所采用的观念论在原则上没有为实在主义（realism）留下空间，即便是批判（critical）和

---

[62] 中注：中译本与英译本一样，采用不同中译名区分荷文waarneming和gewaarwording。前者译作"感知"（perception），后者译作"知觉"（sensation）。

[63] 英注：北高加索圆环舞（Circassian Circle）是一种土风舞，参与者形成一个大的圈子并在其中移动，而且在整个舞蹈过程中不断地更替舞伴。

超验的（transcendental）实在主义亦然；没有更多的证据可以显明因果关系的范畴具有超验的有效性。因为此范畴可能只会在某个存在的世界中强而有力，可是在一个实在必须先被证明的世界中则不然。

这一切都未否认客体只能被主体所认知，也不否认可以通过思考让客体被认知。没有人可以否认它，如同没有人可以观看自己在街上行走或站在自己的肩膀上一样。我们仅透过我们的知觉来认知外在世界，且永不能越过这些知觉来就近这世界。一个在能掌控身外事物之先都不会信任知识的人，是对认知（weten）提出一个不可能且荒谬的要求；这恰恰是因为认知始终是主体与客体之间的一个关系，而永远不是其他的关系。一旦一方或双方衰败消失，就不再有任何认知可言。

但是，这种对客体的知识仅来自主体的确认，与观念论对主体可以直接单单认知其知觉和表征的断言迥异。当我们自身投入心理研究，并反思我们自身灵魂生活（zieleleven）时，我们的知觉和表征首度变为客体——知识的直接客体。但是心理学不同于认识论（Erkenntnisstheorie）。若我们感知自身以外的世界，那我们借此所接收的知觉和表征不再是我们知识的**客体**，乃是知识本身；这知识是我们透过对外在世界的感知直接获得的。我们在觉知中所获得的知识并非其知觉的知识，至少并非是首要和直接所获的；这实则乃所知觉（gewaargewordene）之事物的知识。我们也不会从知觉中借三段论证，推断出一个超越我们自身的世界，就是那可能并不存在或以全然不同于我们所感知的方式存在的世界。可是在知觉中，客观世界被赐给我们，并且正当我们感知它时，被我们所认可与接纳。[64] 自然地，这些知觉常常是不纯与不精确的，

---

[64] Friedrich Adolf Trendelenburg, *Logische Untersuchungen* (Leipzig: Hirzel, 1862), 2:476; Engelbert Lorenz Fischer, *Die Grundfragen der Erkenntniss-theorie* (Mainz: Kirchheim, 1887), 240; Wilhelm Wundt, *Grundriss der Psychologie* (Leipzig: Engelmann, 1897), 52; Georg Theodor Ziehen, *Leitfaden der physiologischen Psychologie* (Jena: Fischer, 1900), 30; Johannes Reinke, *Die Welt als That* (Berlin: Paetel, 1903), 25, 97; Rudolf Eisler, *Wörterbuch der philosophischen Begriffe*, 2nd ed. (Berlin: Ernst Siegfried Mittler und Sohn, 1904), 1:269.

我们的感官是有缺点的，而我们的主观性也常常对感知施加影响。可是我们感知中的这种不纯与不精确，只能通过不断重复、严谨的感知加以补救，但并没有消除以下信念：我们在知觉和表征中拥有可信赖的客观实在的知识。正如现在再次被更普遍认可的，甚至如颜色和声音一般的事物质性属性（qualitative properties），也不能仅仅从感官的一种先天、特定的活力加以解释，而是部分取决于神经的外部刺激。[65]

这就是支撑所有知觉与表征的事实。否认它的人就损害了一切真理和科学。他会与尼采共同得出一个学说：主体与客体属乎两个绝对不同的领域，在认知的行动中，人常常被自己妨碍，也总是由于自己的主观知觉而遮盖事物。于是，逻辑性的结果就是与上述那位哲学家一样宣称，无存有的世界，亦无真理的境界；表征的（schijnbaar）世界是唯一的世界，并且所谓的"真实"世界是我们所虚构的。"真理比表征更有价值"的观点，只不过是道德上的偏见和禁欲般的理型。新约圣经里唯一有价值的话，就是彼拉多的疑问：什么是真理？[66]

---

[65] James Orr, *David Hume and His Influence on Philosophy and Theology* (London: Hodder and Stoughton, 1903); Christoph Willems, *Die Erkenntnislehre des modernen Idealismus* (Trier: Paulinus, 1906); Richard Hönigswald, *Ueber die Lehre Humes von der Realität der Aussendinge* (Berlin: Schwetschke, 1907). 参：Herman Bavinck, *Wijsbegeerte der Openbaring* (Kampen: Kok, 1908), 61ff. 英注：关于此作的现代英译本，请见：Herman Bavinck, *Philosophy of Revelation: A New Annotated Edition,* ed. Cory Brock and Gray Sutanto (Peabody, MA: Hendrickson, 2018), 61ff；中注：赫尔曼·巴文克，《启示的哲学》，赵刚译（成都：四川人民出版社，2014）。

[66] Friedrich Rittelmeyer, *Friedrich Nietzsche und das Erkenntnisproblem* (Leipzig: Engelman 1903), 6, 16, 33, 60-62. 实际上，这无非是古老的诡辩家（Sophists）的学说，提倡人是万物的尺度。可是这种诡辩学派在最近已被更新，尽管不是以如同尼采般的愚昧方式出现，而是主要以威廉·詹姆士（William James）般所谓的实用主义出现；它是反智主义的，并在知识的效用性与生产力中寻求真理的痕迹。Joseph de Tonquédec, *La notion de vérité dans la Philosophie Nouvelle* (Paris: Beauchesne, 1908); August Deneffe, "Relative Wahrheit," *Stimmen aus Maria-Laach* 78 (1910): 56–66; Bronislaus Switalski, *Der Wahrheitsbegriff der Pragmatismus nach William James* (Braunsberg: Bender, 1910); J. G. Ubbink, *Het Pragmatisme van William James* (Arnhem: Tamminga, 1912).

只有我们从主体与客体、认知与存有彼此对应的事实出发，真理的知识才有可能。此事实伫立于所有人的直接觉知（onmiddellijke besef）中，并被所有仍相信真理和科学之人有意识或无意识地接受。解释这个事实是科学的任务，假若科学无法履行，则要承受如同自杀般的痛苦，让事情原封不动。而且只有当它让自身被上帝的圣言（Goddelijk Woord）的智慧所光照时，才能解释此事实；这圣言让我们的口发出对父神、全能者、天地的创造主的认信。此认信不单是我们基督教信仰的首条信纲，更是所有知识与科学的根基与房角石。只有借着此认信，人们才能理解和持守主体与客体、思考与存有的和谐。由于共同的起源，我们的感知器官因此跟各个元素相连，而整个宇宙也是由这些元素所组成；故此，我们各人都以特定的方式、从特定的角度来认知这个世界。个中都蕴含着一个特定的活力（specific energy）；它与客观世界赋予感官的独特工作相对应。

因此，所有智性的知识都始于感官感知。为了获取知识，《圣经》并不叫人诉诸理性，乃是叫人诉诸上帝在祂一切工作中的启示。你们向上举目，看那创造这万物的那一位；仰望那教导与见证；不然，他们都要灭没。凡弃掉主圣言的人，不可能拥有智慧。这就是经验主义的真理：存有是一个与主体的感官感知相对应的实在。

当人类借思考的方式将自己从感官感知提升至科学时，主体与客体之间的联系更显重要。只要是一般意义上、不限于视觉感知的观察，实际上都是我们知识的基础和素材。缺乏观察的概念是空洞的，如同缺乏概念的观察依旧是瞎眼的。可是当人的灵从表征中形成概念，并继而形成判断和抉择时，似乎他正在离开实在的大地，在建造空中楼阁。

人们可以借着表明此推理完全是不切实际与无用的形而上学而推却这道大难题，但这不是一个科学之人所配有的回答。世界的可理解性和可知性，无疑是所有认知（weten）的前设，可是这前设的意义之重要，使得它必须被考量并予以证成。凡以科学方式做工之人，必须向自己和他人说明自己的所为和所不为。假如我们倾向忽略此反对，那么将很快会受到经验批判主义（empirical criticism）的当头棒喝。尼采并不是唯一一个将这概念称为"直观的墓地"（begräbnisstätte einer Anschauung）的人；[67] 马赫（Mach）和阿芬那留斯（Avenarius）[68] 也持相同观点，认为当我们谈论到实体（lichaam）时，只有特定的视觉、触觉和热量的感知能真实、客观地传递给我们。在他们看来，世界不是由物理事物和精神（psychical）主体所组成，反而是由颜色、色调、压力、温度、空间、时间等（即我们感知中最简单的部分）组成。然而，当我们谈论诸多实体（lichamen）时，我们如此做只因我们无法个别地处理每种知觉，而出于有效和实用的考量，导致我们将通常彼此联系的许多知觉总结为一个群组。因此，表征与概念并不对应于一个客观实在，而是通常按彼此联系之方式出现的一组元素的缩写词（abbreviations）与"思想符号"（Gedankensymbole）。除了只有心理的价值，它们并不拥有智性的价值，而是作为临时的辅助工具，使我们暂时适应世界，并切实地支持我们。并不是诸多实体（lichamen）带给我们知觉，乃是由我们形成的一组感知形成了诸多实体（lichamen）。因此，所构成的不仅是世界的客观性，也包括人的主观性。那个**我**（Ik）不再是客观存在的实在，无非就是通常一起出现的一组元素；它并不形成真实的事物，而只是一个理型（ideal），一个由实践理性所产生的合一（denk-oeconomische eenheid），并随着时间流逝而变更。[69]

---

[67] 引用在 Rittelmeyer, *Friedrich Nietzsche*, 15.
[68] 英注：恩斯特·马赫（Ernst Mach, 1838–1916）是一位奥地利物理学家和哲学家，而理查德·阿芬那留斯（Richard Avenarius, 1843–1896）是一位德国哲学家。两位均（独立地）发展出某种形式的（基于经验为基调的）经验批判主义。
[69] Ernst Mach, *Populärwissenschaftliche Vorlesungen*, 2nd ed. (Leipzig: Barth, 1897) [英注：由汤玛士·麦考马克（Thomas J. McCormack）译作英译本 *Popular Scientific Lectures* (La Salle, IL: Open Court, 1986)]; Mach, *Erkenntnis und Irrtum: Skizzen zur Psychologie der Forschung* (Leipzig: Barth, 1905) [英注：由汤玛士·麦考马克（Thomas J. McCormack）与保罗·福

现在不可否认的是，我们的表征是从我们不同感官所接受的大量且相异之感知的联系；而这些概念既是抽象概念，又是组合物，由大量形形色色的表征所组成。并没有实验性的、数学性的证据，可以证明我们的表征和概念是与一个客观实在相对应的。凡是在相信一个主体与客体的客观世界之先，渴求如此证据的人，都设立了一个无法实现的条件。即便如此，这个人也被迫否认感知的一切超然价值（transcendent value），因为在这里也没有结论性的论证可以指出，知觉由色彩、声音、运动等所属的客观世界引起。而且，如果人们远离这种怀疑的结果，对表征和概念的唯名论看法，会使所有科学和所有真理变为一种幻像。而且，例如马赫等人也承认这一点。在首先揭露所有表征和概念的主观特征后，他继续呈现它们的形成是由我们认知官能的有效性、实用性和目的论面向所预备，并且对于掌握科学是必要的："倘若我们在一切

克斯（Paul Foulkes）合译作英译本 *Knowledge and Error: Sketches on the Psychology of Enquiry* (Dordrecht: D. Reidel, 1976)]; Richard Avenarius, *Kritik der reinen Erfahrung* (Leipzig: Reisland, 1888–1890); Max Verworn, *Naturwissenschaft und Weltanschauung* (Leipzig: Barth, 1904); Verworn, *Die Mechanik des Geisteslebens* (Leipzig: Teubner, 1907). 与此相关的有范舒培（Van Schuppe）、舒贝特·索尔登（Schubert-Soldern）、考夫曼（M. R. Kaufman）等人的内蕴哲学（immanent philosophy）。参 Richard Hönigswald, *Zur kritik der Machschen Philosophie: eine erkenntnistheoretische Studie* (Berlin: Schwetschke, 1903); Bernhard Hell, *Ernst Mach's Philosophie* (Stuttgart: Frommann, 1907); Oskar Ewald, *Richard Avenarius als Begründer des Empiriokritizismus* (Berlin: Hofmann, 1905); C. B. Spruyt, *Her empiriocriticisme, de jongste vorm van de wijsbegeerte der ervaring* (Amsterdam: De Bussy, 1899); A. Schapira, *Erkenntnistheoretische Strömungen der Gegenwart: Schuppe, Wundt und Sigwart als Erkenntnistheoretiker* (Bern: Scheitlin Spring, 1904); John Bernhard Stallo, *Die Begriffe und Theorien der modernen Physik* (Leipzig: Barth, 1901); Hans Kleinpeter, *Die Erkenntnistheorie der Naturforschung der Gegenwart* (Leipzig: Barth, 1905); Johannes Wilhelm Classen, *Vorlesungen über moderne Naturphilosophen* (Hamburg: C. Boysen, 1908); Dominicus Gerbrandus Jelgersma, "Modern Positivisme," *Gids* (October–November 1904); Bernard Hendrik Cornelis Karel van der Wijck, "Hedendaagsch Positivisme," *Onze Eeuw* (May 1905): 228-297; Willem Koster, *De Ontkenning van het bestaan der materie en de moderne physiologische psychologie* (Haarlem: Tjeenk Willink, 1904)。

千变万化中找不到持久之物，那么我们要在思想中反映世界的一切努力终会徒然。"[70] 科学的来源与应用"均受限于我们环境的高度稳定性"。[71] 马赫对主体与客体的观点难以让人看到此持久的稳定性。最后的结论就是，人类为了自身实用的利益，把主体和客体本身所没有的持久性（bestendigheid）之谓词归于它们。正是人类将秩序和规律带入现象界（phenomena），从而将其变为本性（natuur）。他创造了"我们环境的充分整齐划一"（hinreichende Gleichförmigkeit unserer Umgebung），而这对科学来说是必要的。根据康德本人的观点，理智在这里是"为了本性而立法"（die Gesetzgebung für die Natur）。[72]

最终，无关乎它自身的见证，经验批判主义宣告科学在现象界的波动过程中，预设了一个永久与持久的存有；此为一个本质（essence），是事物的观念（idee）。如果经验批判主义认为无法在客体中找到此观念，那么它就会把从主体而来的观念置入客体，容让人来形成其本性。

可是，这无疑是一个令人绝望的举动（noodsprong），因为这无外乎以下两种情况。这要么是人的理智全然任意地如此行，没有客观世界为其提供任何依据；这意味着现象界是由我们的心思所塑造的，只不过是梦境的影像；因此，根据尼采的观点，这仅仅是我们虚构之物。又或许理智可以在如此行的过程中得以证成；它根据其被赋有的本性和存有而行，也预设由理智解释的本性自身包含了给它的信息。因此，理智和本性都必须存在于思想中（前者是主观的，后者是客观的），并由思想生发。

---

[70] 英注：虽然巴文克在这里没有提供引文，他实则在处理马赫第二版的著作。此引文可见于：Mach, *Populärwissenschaftliche Vorlesungen*, 216。巴文克提供的是德文引文："Alle unsere Bemühungen, die Welt in Gedanken abzuspiegeln, wären fruchtlos, wenn es nicht gelänge, in dem bunten Wechsel Bleibendes zu finde"。

[71] 英注：Mach, *Populärwissenschaftliche Vorlesungen*, 223. 巴文克提供的德文引文："Eine grosse Beständigkeit unserer Umgebung gebunden"。

[72] 引用在 Hönigswald, *Ueber die Lehre Humes von der Realität der Aussendinge,* 27。

柏林教授斐迪南·雅各·史密特（Ferdinand Jakob Schmidt）[73] 正确地道出："因为所有不仅表达主观的、经验的确定性，还表达客观真理的知识，建基于众范畴、公理和观念之上；此观念源自普遍的存在与生命中的一般性的精神合一。没有了它，就没有科学性的知识，无论这知识属于哪个特定领域。"[74] 此外，李凯尔特（H. Rickert）在他《自然科学中概念形成之限制》[75] 一书中，最着重地说明了为什么主宰世界（wereldbeheerschende）的善意，是我们所有思考和认知背后的前设。[76] 无论我们如何看待它，若我们一致且无偏见地思考，那么真理与科学的概念会把我们带向基督教有神论。

这教导我们，万物都是从上帝圣言的智慧中生发；因此用奥古斯丁的话来说，万物均依据理性（rationes），按尺寸、数量和重量而存在。《圣经》并不是以泛神论的意义来理解这事；根据泛神论，万物源于一个无内容的理性（Vernunft）、一个等同于超意识（Überbewusste）的无意识、一个不合逻辑的意志或一个盲目的自然力。因为，世界中的观念如何能在其中觅得对自己起源

---

[73] 英注：斐迪南·雅各·史密特（Ferdinand Jakob Schmidt, 1860–1939）是一个德国哲学家。

[74] Ferdinand Jakob Schmidt, *Der Niedergang der Protestantismus* (Berlin: Weidmann, 1904), 4. 英注：巴文克提供的德文引文："Denn alles Wissen das nicht bloss subjective, empirische Gewissheit sondern objective Wahrheit ausdrückt, ist gegründet auf die aus der allgemeinen Geisteseinheit des universellen Daseins und Lebens entspringende Kategorien, Grundsätze und Ideen, und ohne diese gibt es këine wissenschaftliche Erkenntnis, auf welches Sondergebiet sie auch immer gerichtet sein mag"。

[75] 英注：海因里希·李凯尔特（Heinrich Rickert, 1863–1936）是一位德国新康德主义哲学家。见Rickert, *Die Grenzen der naturwissenschaftlichen Begriffsbildung: Eine Logische Einleitung in die historischen Wissenschaften*, 6th ed. (Tübingen: Mohr Siebeck, 1929). 英译版为盖伊·奥克斯（Guy Oakes）所译的 *The Limits of Concept Formation in Natural Science: A Logical Introduction to the Historical Sciences* (Cambridge: Cambridge University Press, 1986).

[76] 参Heinrich Rickert, *Der Gegenstand des Erkenntnis: Einführung in die Transzendental-philosophie,* 2nd ed. (Tübingen: Mohr Siebeck, 1904).

的解释呢？如同唯物主义能将思考（het denken）理解为物质变化（stof-wisseling）的产物，无神论也有可能从无意识中解释世界，称其为理性或意志。如果世界可以是我们认知的内容，它自身必然是清晰的，并事先借着思想得以分辨。只有万事都从上帝的预知（προγνοσις）而来，它们才全然是祂思想的彰显（φανερωσις）。共相（universalia）在事物之中（in re），因为它们在神性意识（bewustzijn）中先于事物（ante rem）存在。假如世界不存在，它就不会被我们所认知；可是若非它事先被上帝所思，它就不可能存在。我们认识事物，因为他们存有；可是他们之所以存有，皆因上帝已经认知它们。[77] 万物借着上帝的圣言而被造的教义，是对一切认识和认知（kennen en weten）的解释，是主体与客体对应关系背后的前设。正如感官与事物的元素相一致，理解也是如此回应思想，而此思想将元素连于事物、身体、某种本性和世界。因为"所看见的"（το βλεπομενον）并不从"显然之物"（εχ φαινομενων）而来（来十一3）；"上帝那看不见的属性"（αορατα του θεου）可以透过祂的工作被感知（νοουμενα），进而被心思（νους）所注视（罗一18）。[78] 事物中的共相（universalia in re）沿着感官感知的途径，然后透过心思的思考活动，进入我们的意识。世界成为并只能成为我们属灵的（geestelijk）财产，因为它自身是以属灵（geestelijk）、逻辑的方式存在，并安息于思想之中。

所以，我们现在获得了这一伟大且丰富的好处，就是对我们而言，客观真理已经在一切上帝之手所做之工、在自然与历史、在创造与再造中，向我们显明。那可知的（weetbare）先于我们的科学（wetenschap），如同我们相信的信心（faith that we believe）先于我们赖以相信的信心（faith that by which we believe）。知识的客体是知识的尺度。[79] 当人越发思考此事，（就越发清楚）

---

[77] 奥古斯丁，《忏悔录》，13.38；《上帝之城》，9.10。
[78] 英注：虽然巴文克在这里引用《罗马书》一18，但他更是在直接地改述了《罗马书》一20的措辞。
[79] Otto Willmann, *Geschichte des Idealismus* (Braunschweig: F. Vieweg und

所有的真理都要在智慧中、在道中得以理解；而这道太初与上帝同在，祂就是上帝。凡否认此智慧的，均损害了所有科学的根基（fundamentum），因为"凡否认观念之人就是否认圣子"（qui negat ideas, negat Filium）。[80] 在这个基督教立场上，人类心思的所有自主性都烟消云散，好像它可以从自己的理性中并通过自己的方式产生真理。人类并不是世界的创造者与形塑者。他的悟性并不会在大自然上写下它的律；在他的科研中，他不会按照自己的范畴来安排事物。相反，正是人类必须使自己的感知和思考，符合上帝在自然和恩典中的启示："实在并不一定要使自身符合我们的理性，而是在对整个时代的全部经验的基础上，我们的思考必须力图揭示上帝编织入实在中的形而上学。"[81] 要进入真理的领域，我们必须成为小孩子："自由按着本性而出，自由从真理而来（Naturae parere, libertas, libertas ex veritate）。"[82] 所有的知识都涵盖在我们的意识与客观真理的对应性中。所以，人认识真理

Sohn, 1896), 2:403. 英注：该句的后半部分由拉丁文短语组成："zooals de fides, quae aan de fides, qua creditor. Scibilia sunt mensural scientiae"。此外，尽管巴文克并未援引他所引用的维尔曼（Willmann）著作之具体版本，可能他正在使用的是1896年版本，因为第一版《基督教世界观》于1904年面世，先于1907年所出版的 *Geschichte des Idealismus*。

[80] Willmann, *Geschichte des Idealismus*, 3:802.

[81] Gustav Portig, *Das Weltgesetz des kleinsten Kraftaufwandes in den Reichen der Natur*, vol. 1, *In der Mathematik, Physik und Chemie* (Stuttgart: Kulmann, 1903), cited in *Beweis des Glaubens* (Sept-Oct. 1904), 260. 英注：巴文克提供的德文引文："Nicht hat sich die Wirklichkeit nach unserer Vernunft zu richten, sondern unser Denken muss auf Grund der Gesamterfahrung eines ganzen Weltalters die von Gott in die Wirklichkeit verwobene Metaphysiek blosszulegen suchen"。

[82] 英注：巴文克在以下著作中运用了相同的术语和推理模式："Evolution," in *Essays on Religion, Science, and Society*, ed. John Bolt, trans. Harry Boonstra and Gerrit Sheeres (Grand Rapids, MI: Baker Academic, 2008), 113；中注：英译本把此引文翻译为："It is of nature to bring forth, and freedom, the freedom brought from truth"。拉丁文中第一个"自由"（libertas）应属主格，该句可英译为"Freedom emerges from nature, freedom from truth"。故在中文版中，为了保持句子的可理解性，就对句子结构稍做调整，把"自由"置于句首。

与他本身在真理之中成正相关。要理解真理，他必须属于真理。[83]

可是即便有了感官感知与科学、表征与概念，人的心思仍不会停滞不前。心思不会只满足于这些，反而力争超越这两者，朝向一种全备的智慧。[84] 科学与智慧无疑是紧密相关，可是两者并不等同。在过去，亚里士多德的区分方式得到普遍认同：科学（wetenschap）**通过近因**（causam proximam）而存在于有关事物的知识（cognitio rei per）中，但是智慧则通过**首要原因**（causam primam）而向事物的知识（cognitio rei per）延伸。此区别直到今日仍然有效。诚然，在上个世纪，由于对黑格尔及其学派的先验思辨（aprioristic speculation）的反抗，知识遗产的智慧被排除，一切形而上学的生存权都被剥夺。科学必须在实证主义的意义上，将自己限制于对现象及其相互联系的研究上；这种关联系就是"万物的联系"（nexus rerum）。[85] 只要科学自身还生活在这种错觉之中，并给予他人幻觉，即它可以解答世界与生活的一切谜团，那么它也可以天真地认为所有哲学都是多余的。但是，当奥秘在进阶研究的各个面向越发增多时，智慧本身必须再次主张其权利，以及在人类知识的领域中索要一席之地。形而上学、哲学、世界观与生活观在当前都在庆祝它们的光荣归来，不仅在神学和人文科学[86]中，在自然科学中亦然。[87] 人的心思不会在寻觅知识一事上对自己

---

[83] Willmann, *Geschichte des Idealismus*, 2:993.
[84] 根据西塞罗（Cicero）的论述，第一次被希腊人所采纳的 "智者们"（sophoi）这名字，被毕达哥拉斯（Pythagoras）转换为"哲学家们"（philosophoi）。这乃因智慧仅属上帝，而人类只能渴望并为智慧而努力。
[85] 英注：此拉丁词汇意指把所有事物捆绑在一起的普遍关系。
[86] G. Wobbermin, *Theologie und Metaphysik: Das Verhältnis der Theologie zur Modernen Erkenntnistheorie und Psychologie* (Berlin: Duncker, 1901); Johannes Wendland, "Philosophie und Religion," *Theologische Studien und Kritiken* (1903): 517–85; Emil Pfennigsdorf, "Theologie und Metaphysik," *Theologische Rundschau* (1904): 399–413; Herman Groenewegen, *De Theologie en hare wijsbegeerte* (Amsterdam: Rogge, 1904).
[87] Wilhelm Ostwald, *Vorlesungen über Naturphilosophie* (Leipzig: Veit, 1902); Ostwald, *Grundriss der Naturphilosophie* (Leipzig: Reclam, 1908); Reinke, *De Welt als That*; Hans Driesch, *Naturbegriffe und Natururteile* (Leipzig: Engel-

划地自限，连康德或孔德（Comte）也不会。[88] 如果科学没有消除自己对真理的渴望，它就会急切地向着智慧的源头延伸。毕竟，人类不仅拥有感知官能（waarnemingsvermogen）和心思，还拥有理性。这理性只能在那"绝对者"（Unbedingte）[89]中找到安息和满足。

无论如何，智慧与科学之间的区别，并没有切断它与这个真理的联系。真正的智慧并不能由先验思辨所供应；它与空洞的理论毫无瓜葛，而是与实在的知识有关。正如感官感知是所有科学的根基，科学的结果是并仍然是哲学的起点。然而，倘若说哲学只不过是对各种科学成果的总结，且仅需将它们像钟表的齿轮一样组装在一起，这看法是不正确的。[90] 智慧以科学为基础，但不是受限于它。它的目光超越科学，并力图达到"首要本源"（prima principia）。倘若它把一组特殊的现象（宗教、道德、法律、历史、语言、文化等）变为其反思（denkende beschouwing）的客体，并试图追溯其中的主导观念，那么它就已经达到以上目的了。但是它如此行，首先就好比是要寻求万物的最终依据，并在此之上建立世界观。

如果这是哲学的本性和任务，那么哲学比感官感知与科学在更大程度上预设了世界依托于观念控制万物的思想。除了在对不可见和永恒事物之领域的信心内且出于此信心的智慧，并无别的智慧。它建立在观念的实在之上，因为它确实是"观念之科学"（Wissenschaft der Idee），以及因为它在部分中寻找整体的观念，在殊相中寻找共相的观念。[91] 它不明言地从基督教信仰出发；后者声明世界建基于智慧中，并在其整体与所有部分中显明智慧

---

mann, 1904); Alfred Dippe, *Naturphilosophie: Kritische Einführung in die modernen Lehren über Kosmos und Menschheit* (München: Beck, 1907).

[88] 英注：奥古斯特·孔德（Auguste Comte, 1798–1857）是一位法国哲学家。

[89] 中注：巴文克在这里多半是在借用观念论里的"绝对者"的概念。

[90] Tilmann Pesch, *Die grossen Welträthsel*, 2nd ed. (Freiburg: Herder, 1892), 1:69.

[91] Trendelenburg, *Logische Untersuchungen*, 1:5, 6; 2:461.

（诗一百零四 24；箴三 19；林前一 21）。正是这同样的神性智慧（Goddelijke wijsheid），有机地将世界创造成一个相互联系的整体，并把渴求一个"合一的"（einheitliche）世界观的欲望植根在我们里面。倘若如此，那么这只能根据以下说法来解释：世界是个有机体，并且最初就是如此被思考。只有这样，哲学与世界观才有存在的权利与根据，正如只有在这崇高的知识点上，主体与客体彼此和谐，亦如我们内在的理性与所有存有和认知的**本源**（principia）相互对应。而且哲学按照其本质所要求的，将受到保证，并借上帝在祂圣言中的见证向我们解明。正是这同样的神性智慧，赋予事物的存在和我们思想的客观有效性，并赐给事物可理解性，赐我们心思以思考的能力（denkkracht），使事物为真实，让我们的观点（denkbeelden）为正确。事物的可理解性是我们理智的内容。存有（zijn）与认识（kennen）在道中都有其"理性"（ratio），而上帝透过道创造了万物。[92]

最后，正是从基督教智慧所赋予我们既崇高而荣耀的立场出发，一束令人惊讶的亮光照射在宗教和哲学的关系上。所有伟大的思想家都感受到并认可它们的亲密关系。黑格尔在其辩证法的引导下，认为宗教是原始哲学，是属于民众（volk）的、笼罩着寓言和富有想象力的形而上学（aanschouwelijke metaphysica）。他继而认为哲学便是被思想家转换为概念的宗教。这样，他未能充足地描述两者的本质，在宗教方面尤是如此。就算哲学真的可以提供对世界的彻底解释，以及一个完全纯粹的上帝的概念，它对人来说还是不足够的。人心中的渴望并非主要针对一个纯粹的上帝的概念（Godsbegrip），而是永活的上帝本身。在上帝成为"他"的上帝和"他"的父之前，人不得安息。尽管哲学可能有如此光荣的任务和呼召，但我们自身在它的带领下无法找到上帝。我们

---

[92] Willmann, *Geschichte des Idealismus*, 1:279, 433, 参 541 等。

只能借着宗教的途径就近祂，进入与祂的团契。即便对最深邃的思想家来说，也没有合理的理由去感谢（黑格尔的）那种概念；[93]这只出于信心。感谢上帝，耶稣并没有宣告智者和明智之人有福了，有福的乃是小子们，他们在哲学家之中为小。相比黑格尔的方法，施莱尔马赫（Friedrich Schleiermacher）的观念更佳，他从人性的两个完全不同的需求和功能，衍生出宗教和哲学，从而确保了二者在人类生活中的持久地位。可是这种二元论也不能令人满意：哲学并不受限于有限之事，因此它也与作为万物最终原因的上帝相关。而宗教先让人进入与上帝的团契，从而也决定了人与所有受造物的关系。它不是以激情的感受（gevoelsaandoeningen）进展，而是遵循非常具体的表征，并且始终包含了一种种子形式的整个世界观。[94]

如今，按照事物之本性，一个世界观总是"合一的"（einheitliche）。然而，只要我们还不了解被造界的所有范围和领域乃一个整体的众多部分，我们的世界观就不得完善和完整。当然，这里的问题并非我们是否已经让我们的世界观触及此点，或是否要做到这一点，而是此概念暗示着和谐的合一。故此，对于普通大众和有识之士、学院和生活来说，宗教和哲学里并无本质差异的世界观。如果宗教包含一种种子形式的世界观，而哲学在寻找万事最终根据的过程中始终在追求上帝，那么结论自然就是，它们在自身所有的差异中，必须内在地遵照事物的本质，而不能互相竞争。

---

[93] 如同范旦伯格·范伊森哈博士（Dr. G. A. van den Bergh van Eysinga）于 *Allegorische Interpretatie* (Amsterdam: P. N. van Kampen & Zoon, 1904), 28 所宣称的。英注：巴文克在这里指的是古斯塔夫·阿道夫·范旦伯格·范伊森哈（Gustaaf Adolf van den Bergh van Eysinga, 1874–1957），一位隶属荷兰激进鉴别学学派的荷兰新约学者。

[94] 关于哲学与世界观的区别，见 Hans Richert, *Philosophie: ihr Wesen, ihre Probleme, ihre Literatur* (Leipzig: Teubner, 1912), 18；关于世界意象（wereldbeeld）与世界观（wereldbeschouwing）的区别，见 C. Wenzig, *Die Weltanschauungen der Gegenwart* (Leipzig: Quelle and Meyer, 1907), 1.

唯有基督教世界观可以成全这个要求，因为它让我们认识独一上帝，又真又活的上帝，并齐根斩断所有多神论。对孩子和年老人、白丁和博学之人、内心和头脑而言，没有不同的上帝。如今，许多人对易懂和深奥的教义之间、表征与概念之间、事实与观念之间予以割裂，此乃诺斯底主义的仿制品，在原则上是不可接受的。从教育学的角度来说，它引起了各种各样的误会和不真实的行为。除此之外，它未能认识理型的存有实在，以及意识被拴系于实在世界。真理只能**在**（in）此概念中并**为了**（voor）此概念（het begrip）才能被发现，并且其他一切都是形像和样式，这两个说法都是不正确的。[95] 这是由于我们并不满足于盲目的事实和空洞的观念（ideeën）。所以在基督宗教中，两者紧密相连。创造与再造都是上帝在时间中的行动，但它们同时是祂永恒定旨（raad）的体现。因此，仍忠于自己的观念且未在徒劳的思辨中迷失自我的哲学，会通向一位与基督宗教启示给我们的相同的上帝，就是智慧和恩典的上帝。基督教借启示指示我们相同的有神论；在不偏颇的考察下，这启示被理解为一切科学（wetenschap）和哲学的基础。敬虔的信徒和哲学家所需的同一位上帝，正是在祂作为中让自己被这两群人所认识的那一位。正是这同一位道，祂创造了万物，及至时候满足，成了肉身。正是这同一位圣灵，祂更新全地，改变罪人的心灵。因此，"真正的哲学家是爱上帝之人"（verus philosophus amator Dei），并且"基督徒是真正的哲学家"（Christianus verus philosophus）。[96]

---

[95] Van den Bergh van Eysinga, *Allegorische Interpretatie*, 28.
[96] 参拉克坦提乌斯（Lactantius）在他的著作《神圣要义》（*Divinae Institutiones*）第四册中，提供了关于"真智慧"（vera sapientia）和"宗教"（religione）的论述，其中显示了两者之间不可分割的关系。英注：英译版为 Lactantius, *The Divine Institutes, Books I–VII*, vol. 49 of *The Fathers of the Church*, trans. Mary Francis McDonald (Washington, DC: Catholic University of America Press, 1964)。

三. 存有与成有

　　我们的世界观中要解决的第二个问题，乃关于存有与成有（becoming）、合一性与多样性、上帝与世界。对此，基督教也具有根本性的意义。

　　乍看之下，世界对我们来说如同一个现象的混乱多样性，如同海浪般来来往往的无穷事物。但如果我们被自己那渴望合一的灵所引导，更深入地探讨现象，那么我们就会发现多样性中的和谐与面向目的的适切；这令我们确信，世界不可能是一个由众元素独立偶然融合的产物。从上古开始，两种哲学动向相互对立。根据其中一方，只有存有，而没有成有。变化与运动（movement）只是假象，时间与空间只不过是主观的"思考模式"（modi cogitandi）。成有的概念甚至被理解为涵盖某种"自相矛盾"（antinomy），因为事物要维持不变，而同时又要转化为别的事物。根据另一动向，存有只不过是一个"思想的客体"（Gedankending），只有成有才是真实的。除了不变性（onbestendigheid），一切都是可变的（onbestendig），【一切都是流动的；一切都是相对，只有相对是绝对的。而成有的确是一种自相矛盾。】⁹⁷ 可是如同存有与虚无（niets）的同一性，这是必要的，并且属于绝对自我（absolute self）；它坐落在绝对成有的本性中，否定自我，并透过不断的自我否定达致全然的发展。

在这两个片面的哲学动向之间，其他思想家已经在寻找一个"中介"（Vermittelung）⁹⁸、复和。如此，原子主义（atomism）试图从不可变的、物质的、没有灵魂的原子机制来解释世界。这是哲学思想反刍的成果，无关乎精确科学；而此方法早在古代就已出现，并受赞誉，特别自上世纪中叶以来，被誉为解决世界所有问题的方案。各种不同的原因，如对思辨哲学的反动、自然科学和物质福祉的蓬勃发展等，致使此方法在很长一段时间主导人的精神。没有这些原因，将很难理解这种世界观如何在理智的人群中获得认可。对此有效的反对——即偶然地将数千个字母拼在一起，也永远无法形成《伊利亚特》（*Iliad*）——依然坚立。⁹⁹

近年来，这方面发生了一些变化。起初，一个单独的声音胆怯地建议，生活和意识、自由和效率不能从物质的机械循环来解释。说这些话是需要勇气的，因为在某些圈子里，凡胆敢如此说的人，需要付出他作为科学家的声誉。海克尔（Haeckel）认为，

---

⁹⁷ 中注：英译本在这里漏译了原版一段文字："alles vloeit, tout est relatif et seul le relatif est absolu. En wel is het worden eene tegenstrijdigheid"。中间一段与孔德（Auguste Comte）的名言"Tout est relatif, et cela seul est absolu"非常相似。见荷文版38页。

⁹⁸ 中注：继康德以后的观念论者，包括约翰·戈特利布·费希特（Johann Gottlieb Fichte, 1762-1814）、早期的弗里德里希·谢林（Friedrich Schelling, 1775-1854），以及早期的施莱尔马赫，诉诸不同神学与哲学概念上的"直接性"（immediacy），以回应康德的批判哲学中对直接性的批判。黑格尔指出这种直接性会导致一种一元论，并且不允许任何多元性。在其《精神现象学》中，他支持一种"中介神学"（theology of mediation），认为"超然"（transcendence）只能被"反思性地"（reflectively）思考。同样，后期的施莱尔马赫在《基督教信仰》中提出了一种独特的基督论的中介概念——基督作为中保，被形容为上帝的爱的纯粹行动（pure act）。对黑格尔与施莱尔马赫而言，"中介"是根据关系、行为、决定和历史来描述的。

⁹⁹ 英注：巴文克暗指普遍被视为由荷马（Homer）所著的古希腊史诗。

杜布瓦·雷蒙（du Bois-Reymond）[100] 的"七大世界之谜"（Sieben Welträthsel）证明了自己的年老和智力衰弱。[101] 以及最近在日内瓦哲学大会上，基尔（Kiel）的莱克教授（Professor Reinke）[102] 提出的"新生机主义（neovitalism）和生物学中目的论的意义"的主题，所获得的回应引发了一个问题，即哲学家是否存在偏见。[103] 可是慢慢地，认为对现象的机械解释是全然不足的人数逐渐增加。在某种意义上，奥斯卡·赫特维希（Oscar Hertwig）[104] 以他们的名义在好些年见证，"将世界作为原子碰撞的机械装置的解释，乃基于某种虚构；它对于某些条件来说或许有用，可不符合实在本身"。[105]

对这一论点的反对主要来自生物学。生命的问题依旧存在，而非借机械的一元论就能简单地予以推翻。就着研究程度越发深入，它似乎越发是一个奥秘。海克尔可以维持他旧有的立场，并称新生机主义[106]为"可怕的脑传播病"（furchtbare cerebrale Epidemie）[107]；对此，他只能以这一切会很快过去的期盼来自我安

---

[100] 英注：艾米尔·杜布瓦·雷蒙（Emil du Bois-Reymond, 1818–1896）是一名德国医生和生理学家。杜布瓦·雷蒙主张存在七个超越科学与哲学所能解释的"世界谜语"：（1）物质与力量的终极本性；（2）运动（motion）的起源；（3）生命的起源；（4）"自然表面上目的性的安排"；（5）单纯知觉的起源；（6）智性思想与语言的起源；与（7）自由意志的问题。Gabriel Ward Finkelstein, *Emil du Bois-Reymond: Neuroscience, Self, and Society in Nineteenth-Century Germany* (Cambridge, MA: MIT Press, 2013), 272–73.

[101] Ernst Haeckel, *Die Welträthsel* (Bonn: E. Strauss, 1899), 118.

[102] 英注：约翰納斯·萊克（Johannes Reinke, 1849–1931）是一名德国植物学家与哲学家。

[103] *Handelsblad*, September 16, 1904.

[104] 英注：奥斯卡·赫特维希（Oscar Hertwig, 1849–1922）是一名德国动物学家。

[105] Oscar Hertwig, *Die Entwicklung der Biologie im 19. Jahrhundert* (Jena: Fischer, 1900), 30. 英注：巴文克提供的德文引文："Dass die Erklärung der Welt als eines Mechanismus sich stossender Atome nur auf einer Fiktion beruht, welche zur Darstellung mancher Verhältnisse nützlich sein mag, aber doch nicht der Wirklichkeit selbst entspricht"。

[106] 英注：新生机主义（Neovitalism）是19世纪的一场运动。它拒绝严格的唯物主义，反之声称自然科学无法掌握生命的最基本特性。

[107] 中注：英译本把原文德文"furchtbare"（可怕的）误读为"fruchtbare"（有成效），中译本予以修正。见荷文版39页。

慰。[108] 尽管如此，他只能旁观许多生物学家，包括自己的一些学生，回归先前被人鄙视的生命力的概念。巴斯德（Pasteur）[109] 论证"一切生命均来自生命"（omne vivum ex vivo）的法则同样适用于微生物。莫尔（Mohl）与内格里（Nägeli）、雷马克（Remak）、科立克（Kölliker）和菲尔绍（Virchow）[110] 的研究，显明细胞增殖仅通过繁殖发生，因此是按照一个法则而发生："一切细胞均来自细胞"（omnis cellula e cellula）。正如赫特维希正确地指出，尽管科学有全面进展，无生命和生命活泼的本性之间的裂痕，非但没有被填补，反而变得更大更深。生命的机械理论似乎是错的。化学和物理以外的力量，也在世界上发挥作用。[111]

作为生物学领域中这种反动的结果，许多人已经将唯物主义的机械世界观，转换成一个动态的或活力的世界观。自然科学通常都要处理四个基础概念：空间、时间、实质（substance）与活力

---

[108] Haeckel, *Die Welträthsel*, 444.
[109] 英注：路易·巴斯德（Louis Pasteur, 1822–1895）是一名法国生物学家与化学家。
[110] 英注：巴文克所指的是雨果·冯莫尔（Hugo von Mohl, 1805–1872），德国植物学家；卡尔·内格里（Carl Nägeli, 1817–1891），瑞士植物学家；罗伯特·雷马克（Robert Remak, 1815–1865），波兰裔德国胚胎学家、神经学家和生理学家；阿尔伯特·冯科立克（Albert von Kölliker, 1817–1905），瑞士解剖学家、生理学家和组织学家；鲁道夫·菲尔绍（Rudolf Virchow, 1821–1902），瑞士病理学家。
[111] Hertwig, *Die Entwicklung der Biologie*, 9, 24. 另见 Johannes Reinke, *Die Welt als That* (Berlin: Paetel, 1903), 155; Hans Driesch, *Naturbegriffe und Natururteile* (Leipzig: Engelmann, 1904), 97–127; Eduard von Hartmann, "Mechanismus und Vitalismus in der modernen Biologie," *Archiv für systematische Philosophie* (1903): 139–74, 331–76; Rudolf Otto, "Darwinismus von heute und Theologie," *Theologische Rundschau* 7, no. 2 (1904): 540; Otto, "Die mechanistische Lebenstheorie und die Theologie," *Zeitschrift für Theologie und Kirche* 13, no. 3 (1903): 179–213; Otto, "Die Ueberwindung der mechanistischen Lehre vom Leben in der heutigen Naturwissenschaft," *Zeitschrift für Theologie und Kirche* 14, no. 3 (1904): 234–72; R. P. Mees, *De mechanische verklaring der levensverschijnselen* ('s-Gravenhage: Martinus Nijhoff, 1899); L. Bouman, "Over theoretische Biologie," in *Orgaan van de Christelijke Vereeniging voor Natuur- en Geneeskundigen in Nederland* (1904): 43–67.

（energy）。^112 关于前两者，并无不同的意义，因为所有人都必须接受彼此并存以及相继而存的这些存在形式（forms of existence）。可是对于实质与活力（量与因果；物质与活力）这两个概念就不同。唯物主义把物质视为永恒实质（eternal substance），而活力则是附属于它的；动态主义（dynamism）则把活力视作原始的，而物质则是衍生的。根据该理论，事物的原生元素（oerbestanddeelen）是非物质的且精准的（punctueele），即它们在特定的空间点被发现，并带有力量（power）的中心点，或具有特定活力的"动力子"（dynamides）^113。但是，为了能解释物质的现象，我们假设了一种物质化的（materiirende）力量，这导致出现一个充满物质之空间的现象。^114

尽管这种动态的世界观因阐明唯物主义的不足而理应得到重视，但它当然必须面对同样严峻的异议。形成这些事物原生要素的清晰概念或表征，直接让人觉得不可能。如果它们确实如它们所宣称的那样，那么它们就只能被认作一些数学点，或不能被认为以幽灵^115 或灵魂的方式而存在，而正是伴随着"明确存在"（existentia definitiva）的"简易存有"（entia simplicia）。可是，此存有（entia）或许不是、也不可能是真实的，因为它们只存在于力量的中心点或动力子之内。可是在那种情况下，真实客观的存在如何被赋予呢？若有人要反对此看法，断言动力子的客观实在，那么除了把它们理解为单独、绝对存有的运行，并不存在其他可

---

[112] Eduard von Hartmann, *Die Weltanschauung der modernen Physik* (Leipzig: Haacke, 1902), 186; Driesch, *Naturbegriffe und Natururteile*, 38.
[113] 英注：巴文克在此所指的是菲利普·莱纳德（Philipp Lenard, 1862–1947）的著作，他是一名奥地利物理学家，提出了原子是由"动力子"（dynamides）所组合而成的观点。
[114] Von Hartmann, *Die Weltanschauung der modernen Physik*, 183; Otto Liebmann, *Gedanken und Thatsachen* (Strasbourg: Trübner, 1901), 2:128–32.
[115] 中注：原文为"geesten"，除了可以理解为"spirits"（精神），英译本采取了"ghosts"（幽灵）。见荷文版42页。

能选项。爱德华·冯哈特曼（Eduard von Hartmann）[116] 的动态主义就以这种形式出现。他认识到"没有主动元素的活动"（Thätigkeit ohne ein Thätiges）不能存在，因而力量使物质和有限身躯的出现变得有可能。所以他总结道，绝对实质（absolute substance）中的原子重获被他们如此否决的实质："关于绝对实质，它们若无行动（action）就不再是活动（activities），即从本体论来说，它们是悬空的。"[117] 基于这种自然观点下的改变，无意识的哲学也没有忽略在其一元论哲学中更进一步。可是对很多人来说，此改变只在于从唯物主义移至泛神论、从原子主义移至动态主义而已；甚至当海克尔称原子，连同活力和物质、精神（geest）和物质的（materie）元素[118]，为"生命"（livings）时，他（在一定程度上）也察觉到此改变。[119] 物活主义（hylozoism）[120] 和泛心主义（panpsychism）[121] 彼此接近；当前者上升到"有意识的物质"（bewuste materie）的观点（denkbeeld）时，后者则下降到"无意识的精神"（onbewusten geest）的观点中。[122]

---

[116] 英注：爱德华·冯哈特曼（Eduard von Hartmann, 1842-1906）是一名德国形而上学哲学家。

[117] Von Hartmann, *Die Weltanschauung der modernen Physik*, 204–9; von Hartmann, *Philosophie des Unbewussten* (Leipzig: Haacke, 1904), 2:495.［英注：英译本为 Eduard von Hartmann, *Philosophy of the Unconscious: Speculative Results according to the Inductive Method of Physical Science,* trans. William Coupland, 9th ed. (London: Routledge, 2000)。］

[118] 中注：原文为"geest"与"materie"，英译本把前者译作"incorporeal"，即强调"无实体"的意思。中译本此处采用直译的方式，沿用"精神"的译名。见荷文版42页。

[119] Ernst Haeckel, *Der Monismus als Band zwischen Religion und Wissenschaft* (Bonn: Strauss, 1893), 14, 17, 33.

[120] 英注：物活主义（Hylozoism）指的是物质本身在某种意义上是活生生的。它在古希腊哲学中非常显著，并且在文艺复兴时期和早期现代时期中，均引起人们的兴趣。

[121] 英注：泛心主义（Panpsychism）是指一系列广泛认同宇宙本身具有心思、意识或灵魂之信念的观点。

[122] Von Hartmann, *Philosophie des Unbewussten*, 3:vii. 中注：这里原文同样使用"geest"与"materie"（即"无实体的"与"物质的"），故在翻译上依旧采纳"精神"与"物质"。

可是，无论一个人何时不满于这种思辨的经验批判主义[123]，并且想把绝对与超然完全地从科学移除，不言而喻的是，动力子过于具有形而上的特征。原子和动力子是不可感知的，并且完全取决于柏拉图式的实动（actualizing）概念的方法，从而赋予它们一个超越意识的实在；故此，人们必须与这种方法决裂。我们必须持守以实证方式（positief）所给予的事物，而不得绕到它的身后。根据马赫（Mach）、奥斯特瓦尔德（Ostwald）[124]、海姆（Helm）[125]等人的看法，所赋予我们的事物只有活力（energies）与果效（effects）。我们所知道的一切与外在世界有关的，我们都可以"用有关现存活力之陈述的形式"（in der Gestalt von Aussagen über vorhandene Energieën）予以表达。我们的科学无法使我们竿头日进。活力是最终的细节、真相；我们要返回（terug）它们那里，也始终必须从它们那里继续前行。物质与精神、主体与客体、物理的与心理、实质与"物自身"（Dingen an sich）并没有客观的存在。它们不过是一组由我们理性所总结的各种活力。[126]

与原子主义一样，这种活力观（energetic view）也遭受批判。若有人坚称活力是客观真实的，那么这人（在此基础上）就得承担严重不一致的过错。如果超然和形而上层面必须完全予以摒弃，那么谈论活力的客观实在就相当不合理。唯一真正确定之事就是对音调和颜色、推拉力、运动和变化的感知。凡在此基础上确定客观活力之人，均会废掉实证的事实，并转向超验实在主义（transcendental realism）的立场。若要捍卫这一结论的合法性，即各种

---

[123] 英注：经验批判主义（Empiriocriticism）的概念认为哲学的任务是基于纯粹的经验，阐述一个自然的世界观。
[124] 英注：威廉·奥斯特瓦尔德（Wilhelm Ostwald, 1853–1932）是一名俄罗斯裔德国化学家和哲学家，他是1909年诺贝尔化学奖得主。
[125] 英注：乔治·海姆（Georg Helm, 1851–1923）是一名德国数学家。
[126] Richard Hönigswald, *Zur kritik der Machschen Philosophie: eine erkenntnistheoretische Studie* (Berlin: Schwetschke, 1903); Rudolf Eisler, *Wörterbuch der philosophischen Begriffe*, 2nd ed. (Berlin: Ernst Siegfried Mittler und Sohn, 1904), entries "Energie," "Materie."

感知被视为在客观上是存在的，那么可能出现的情况是，从活力到它们的实质和载体的移动会基于此准则而被否定：没有实质的活力是不可想象的；若没有产生果效之物，果效就无法发生；若没有推动之物，运动就无法发生。没有一个真实的本性可以从存粹形式性、理型性的关系中建构而得。

然而，应该对动态主义和活力主义（energetiek）进行更认真的考量。即使物质的本质对我们来说是未知的，但通过意识，我们都经验到一系列可能仅由物质性实质（material substance）所引发的特性（properties）。不可渗透性（ondoordringbaarheid）、重量（zwaarte）[127]、惯性（traagheid）、膨胀（uitbreiding）和能见度（zichtbaarheid）如何源于动力子和活力，或由它们做出解释呢？如果我们发现自己无法基于这些特性来确认一种物质性实质，而不得不将物质视为幻影和幻象，那么不仅这些特性依旧无法得到解释，而且我们的知识的整个确定性都将丧失。于是，物自身必定完全异于我们的能力以其最专注之感知的方式让我们所思考的内容。它们在我们的感知中的出现，完全不同于它们真正之所是。我们的感官器官失去其可靠性，我们的感官知识被废除，从表象到本质的结论也搁浅了。我们得出了幻想主义，并让一切科学都经历（ondergaan）怀疑主义。[128]

故此，世界不能约化为（herleiden）动力子（或活力）。综合起来，物质和活力的基本概念是不够的。当它们被单独处理，以向我们提供自然界向我们呈现之表现的无穷尽丰富性的解释时，情况就更是如此。甚至是低估了感官世界的柏拉图，以及低估了理型世界的亚里士多德，也都无法在这一点上完全避免片面性。

---

[127] 中注：英译版把荷文"zwaarte"译作"质量"（mass），实为"重量"（weight）。见荷文版44页。

[128] 与驳斥活力主义（energism）相关的，见 von Hartmann, *Die Weltanschauung der modernen Physik*, 190–199; von Hartmann, *Philosophie des Unbewussten* 2:488; Johannes Reinke, *Das energetische Weltbild* (Berlin: Deutsche Rundschau, 1908), 358; Reinke, *Die Welt als That*, 142.

完备的真理是首先在《圣经》的如下教导中向我们呈现：万物都出于上帝"百般的智慧"（πολυποικιλος σοφια），都由一个共同的特征和名字而相互区分，并在它们多样性中合而为一，且在它们的合一性中依然有别。

因此，基督信仰中所理解的自然（natuur）[129]，比今日主导自然科学的自然的概念更加宽泛与丰富。往日通常都是这种情况。自然涵盖了受造界整体，包括属灵界和物质界。这个概念有时甚至会进一步扩展，甚至应用在创造者上。上帝就是"自然的自因活动"（natura naturans），是"自然的总和"（natura summa）；所有的存有，包括可见的与不可的、创造的与被造的，都以**自然**之名来概括。然而，即使自然的概念被限制在受造物上，像常规的情况一样，人们也绝对不只是想到物质的受造物，还想到了属灵的受造物。既有"属灵的本性"（natura spiritualis），又有"有形体的本性"（natura corporalis）；因此，不仅有"肉体的物理学"（physica corporis），还有"灵魂的物理学"（physica animae）。"物理学"（physica）通常仅限于"有形体的本性的知识"（scientia corporis naturalis），但它伴随着"属灵的"（pneumatica）层面，涉及上帝、天使和灵魂的教义。[130] 然而，本性和物理学的定义慢慢愈发狭义。现在，本性或自然通常只指"可感知的外界，并且与灵对立"，而物理学则变成分子运动（molecular movements）的科学，就是在无生命的本性中必不可少之律的学说。[131]

基于这种这种有限的自然观，对现象的机械性解释就具有着一切存在的权利；没有人会考虑质疑它。可是，把自然的一小方面等同于整个自然本身，并把适用于此的方法应用在全部现象中，

---

[129] 中注：拉丁文"natura"或英文"nature"既可译作"自然"，亦可译作"本性"。巴文克此处并无区分，但中译本根据上下文语境采取了差别翻译。

[130] Johann Heinrich Alsted, *Encyclopaedia septem tomis distincta* (Herbonae Nassoviorum: Corvinus Erben, 1630), 1:631, 668.

[131] Eisler, *Wörterbuch der philosophischen Begriffe,* entries "Natur," "Physik."

实则是片面的。然而，原子机械式世界观的倡导者仍如此行。海克尔在此意义上总结出一元论，即只有一个"世界结构"（Weltgesetzlichkeit），称为因果机制，并在此过程中称其他一切理论为简化性二元论的、超然的和超自然主义的。[132] 当杜布瓦·雷蒙认为生命和意识无法在物质循环的基础上予以解释时，（根据海克尔的看法）他提供了一个形而上二元论的方案。[133] 当冯特（Wundt）[134]坚称心理学为一门特殊的人文学科时，（海克尔认为）他已经将一元论的、唯物论的观点，换成了二元论和唯灵主义。[135] 把灵魂视作一个独立、非物质性之存有的观念，是二元论的和超自然主义的："它断言活力的存在，而此活力没有物质基础，却是有效的；它基于这样的假设，即超越自然并在自然之上，还存在一个属灵世界；这是一个非物质世界，我们通过经验对此一无所知，我们的本性对它也一无所知。"[136]【同样，当卡尔·恩斯特·冯贝尔（Karl Ernst von Baer）[137]提到"具备目的性"（Zielstrebigkeit）的有机体时，据海克尔所说，他随着年纪的增长并在神秘主义影响下，修正了原初的见解，并以一个二元论的观点替换之。[138]】因此，自然/本

---

[132] 英注：参 Herman Bavinck, "Christianity and Natural Science," in *Essays on Religion, Science, and Society*, ed. John Bolt, trans. Harry Boonstra and Gerrit Sheeres (Grand Rapids, MI: Baker, 2008), 101.

[133] Haeckel, *Die Welträthsel*, 209.

[134] 英注：威廉·冯特（Wilhelm Wundt, 1832–1920）是一名德国医生、生理学家和哲学家。人们公认他是现代实验心理学的创始人。

[135] Haeckel, *Die Welträthsel*, 117–119. 英注：巴文克原本的引用"117, 109"似乎是印刷上的错误。

[136] Haeckel, *Die Welträthsel*, 105. 英注：巴文克提供的德文引文："Denn sie behauptet die Existenz von Kräften, welche ohne materielle Basis existiren und wirksam sind; sie fusst auf der Annahme, dass ausser und über der Natur noch eine geistige Welt existire, eine immaterielle Welt, von der wir durch Erfahrung nichts wissen und unserer Natur nach nichts wissen können"。

[137] 中注：卡尔·恩斯特·冯贝尔（Karl Ernst von Baer, 1792-1876）是一名波罗的海德国探险家、自然学家、生物学家、地质学家、气象学家、地理学家，他也被誉为是胚胎学之父。

[138] Haeckel, *Die Welträthsel*, 308. 中注：英译本漏译了此句，见荷文版47页。

性可以借物理现象的世界简单地予以鉴别，而（对世界的）机械性解释则被提升为唯一的科学解释；一切超越它的都是超自然的，是一种神迹，而神迹自然是不可能的！

可是，无论这种对自然与科学的观点是何等片面与狭隘，它持续俘获很多心灵。[139] 那些视机械性世界观为站不住脚而将其抛弃的人，继续秘密地尊崇它为科学的理型。他们肯定必然地承认，机械性解释在某些领域是不足够的，必须要用一个目的论的论述来取代或补充。这样，莱克（Reinke）认为【在活生生的自然中 】[140]，"目的因"（finale oorzaken）连同"第一因"（causale）而运作；尽管对于无机的自然而言，他仅承认因果关系（Kausalwirkungen）。[141] 而在别处，他给人的印象是，只有宇宙理性（kosmische Vernunft）才可以被接受用来解释有机存有，以及不变的自然律（natuurwetten）受宇宙理性的束缚和限制。（这个宇宙理性）似乎不是万物的创造者，乃是宇宙性的钟表匠（Weltuhrmacher），是与有机体存在相关的至高原因（die oberste Ursache in Bezug auf das Dasein der Organismen）。[142] 其他人则假定了一个更小范围的出于目的论的运作。尽管没有意识的目的（doel）是不可能的，并且理性对世界的掌控也不能被证明，但是史坦（L. Stein）[143] 认为，只有在世界上出现有意识的有机存有时，才有可能首度谈论某种目的；因此，这意味着没有超然的目的论，只有内蕴的目的论。[144]

---

[139] Ludwig Busse, *Geist und Körper, Seele und Leib* (Leipzig: Verlag der Dürr'schen Buchhandlung, 1903), 23, 414.
[140] 中注：英译本漏译了此片语，见荷文版48页。
[141] Reinke, *Die Welt als That,* 259.
[142] Reinke, *Die Welt als That,* 297.
[143] 英注：路德维希·史坦（Ludwig Stein, 1859–1930）是一名生于匈牙利，接受德国教育的犹太哲学家，他提出了一种以弥赛亚救赎为根基的乐观主义社会进步理论。参 Jacob Haberman, "Ludwig Stein: Rabbi, Professor, Publicist, and Philosopher of Evolutionary Optimism," *Jewish Quarterly Review* 86, no. 1/2 (July–October 1995), 91–125。
[144] Ludwig Stein, *An der Wende des Jahrhunderts* (Freiburg: J. T. B. Mohr, 1899), 17.

但是这种观点是如此二元论式，以至于从长远的角度来看，无法满足任何人。自然和历史不能以这种方式分离和彼此敌对。从逻辑的角度来考量，机械性世界观仍然是优先被采纳的，因为它避免了世界中有此分裂，并避免我们思考中有此中断。

然而，世界可理解为机器的理论只不过是一种无力的偏见。藉由物理和化学所获的知识只涉及相对较小的一部分实在，是零碎的，并游荡于知识的边界。根据内格里（Nägeli）的观点，自然也以其更简单、无机的现象，向科学提出了与感知和意识出现时所带来的相同难题。[145] 近年的化学研究已尽可能清楚地表明，微观世界与宏观世界一样奇妙，对思想开明的观察者来说，充满了神秘和奥秘。[146] 借着超强放大所观察到的最小物体，自身就是一个世界；而在以前被认为是如此简单的原子，在内部却像穹苍中的星星一样神秘。[147] 随着我们从无生命的到活物、从物质到精神、从自然到历史的转移，这个世界的奥秘也在增加。这种存有的丰富——其中未知层面超过已知层面千倍——就是对机器由原子组成之解释的嘲弄。

只有当我们将机械性和动态性世界观转变为有机世界观时，才得以公道地处理合一性和多样性，以及存有与成有。[148] 根据这种有机世界观，世界绝非是单一维度的；相反，它包含了存有的丰盛，现象的千变万化，被造物的丰富多样性。这种"事物的多样性是整个世界进程的先决条件，因为此进程应会引起原先本身不存在的事物。"[149] 无生命的和有生命的、无机的和有机的、无

---

[145] Hertwig, *Die Entwicklung der Biologie*, 27–28.
[146] 【P. Gruner, *Die Welt des unendiich Kleinen. Naturwiss* (Verslag, Godesberg).】中注：见荷文版49页。
[147] Johannes Wilhelm Classen, *Naturwissenschaftliche Erkenntnis und der Glaube an Gott* (Hamburg: Boysen, 1903).
[148] 关于"有机"（organic）和"机械"（mechanical）的概念，见 Rudolf Eucken, *Geistige Strömungen der Gegenwart* (Leipzig: Veit, 1904), 125–150。
[149] Gustav Portig, *Das Weltgesetz des kleinsten Kraftaufwandes in den Reichen der Natur*, vol. 1, *In der Mathematik, Physik und Chemie* (Stuttgart: Kielmann, 1903), 引在 *Beweis des Glaubens* (September–October 1904): 259. 英注：巴文克提供的德文引文："Verschiedenheit der Dinge ist die Voraussetzung des

生气的和有生气的、无意识的和有意识的、物质的和精神的受造物，它们在特质上互为不同，但仍被纳入整体的合一。

与机械观相比，这种有机观具有以下优势：它的心胸更宽广，视野更开阔。机械观是排他性的；它为了自身强求整个世界。但是，有机观也承认机械性解释在其自身领域和自然本身所设定疆界内所拥有的权利。它只反对以下先验性的主张，即生命、意识、自由、目的必须要予以机械性地解释，皆因其他解释都是非科学的。如果一位科学研究者认为对生命的机械性解释是不可能的，然后逃往生机假说（vitality hypothesis），那么不管他假说的素材的充足性如何，他在形式上同样有权持这样的观点；这正如一些人，因所感知的现象，对原子或动力子，以及律（laws）的能力，做出对它们有力的决定。这与二元论的超自然主义无关。灵魂和生命、意识和自由、精神和思想，与我们感知的物质和力量一样，都是自然界中的现象，因此都有被解释的权利。[150]

因此，有机观承认受造物的多样性，并从此出发，正如自然本身向我们所展示的。它不是随理论而接洽自然，而是按自然本身向我们呈现的那样接受它。有机观不限制自然的概念，也不允许其界限与物理学的界限合并。它没有将因果秩序等同于机械秩序，亦没有强行让心理（psychische）[151]现象受一个预先决定系统的束缚。但是在这种多样性中，有机观也完全接受被感知的世界所具备的合一与和谐。机械观在客观上将世界分解成原子，并在主观上将其分解为感知，因而除了一个偶然的、唯名的合一，一无所得。相比之下，有机观由整体进入部分，从合一性进入多样性。事实上，只有两种世界观，即有神论的和无神论的。因为这种划

---

ganzen Weltprozesses, wenn derzelbe etwas bewirken soll, was es selbst anfangs nicht ist"。

[150] Von Hartmann, "Mechanismus und Vitalismus in der modernen Biologie," 345; von Hartmann, *Philosophie des Unbewussten*, 3:vi.

[151] 中注：英译本把荷文"psychische"（心理的）误读为"physische"（物理的）。中译本予以修正。见荷文版51页。

分带来的问题总是：精神或物质、思考或存有、话语或"行为"（daad）、有意识的或无意识的、上帝或世界，前后两者到底哪一个优先？当借拥抱泛神论来绝对否认万物之因的特性时，对于是否称理性、精神或意志为万物之因就无差别了。对于这个问题，基督教的（即有机的）观点所给的答案为【思想先于存有，话语先于行为】[152]。万物都是可知的，因为它们是首先被思考过的。而且由于他们是首先被思考过的，所以它们可以彼此有别却仍成一体。就是这个观念，激活并保护有机体不同的部分。[153]

关于思考【或存有】[154]的优先性问题，转而出现在被造界的各个部分，包括从最简单的到最复杂的现象。这出于对事物的最终构成元素的考虑。对异教徒来说，物质都是非神性的事物，以无定形的状态永远存在，并且始终抵制观念的统治。但是基督教的创造、道成肉身和复活的教义，在原则上让此二元论变为不可能。物质也起源于上帝，且不以一种无法被掌控的力量抵挡祂。相反，物质全然依靠祂，并服从祂的旨意。是的，因为它全然本于祂和出于祂；当托马斯·阿奎那说物质与那神圣存有有一定相似性时，并没有错。[155]尽管它由于其起源而不构成与上帝对立，但是在没有任何关系下，它也不可能以二元论的方式与一切精神分离。诚然，人们以往不仅接受了物质实质的实在，也接受了精神实质的实在。尽管如此，两者虽然在本质上截然不同，但都是由同一位神圣智慧生发，因而彼此并非对立。此外，它们亲密联系并紧密结合。两者都被纳入同一本性（natura）中。笛卡尔首先打破这种身体与灵魂的和谐，

---

[152] 中注：英译本此处错译为"thinking proceeds from being, word precedes deed"（思考从存有发出，话语先于行为），乃将动词voorafgaat在前半句错译为proceed。见荷文版52页。

[153] Friedrich Adolf Trendelenburg, *Logische Untersuchungen* (Leipzig: Hirzel, 1862), 2:17, 19, 124.

[154] 中注：英译本漏译了原文"或存有"（of zijn）的字词。见荷文版52页。

[155] Thomas Aquinas, *Summa Theologiae* 1a.14.11: "Materia, licet recedat a Dei, similitudine secundum suam potentialitatem, tamen inquantum vel sic esse habet, similitudinem quendam retinet divini esse."

并以相互对立取而代之；这导致了当代哲学或左或右地偏离，并再次体现在心身平行论（psychophysisch parallelisme）之中。

差异不仅在存有、实质中，更是以某种方式在存有（het zoo-zijn）中，在事物的形式和形象中。我们在全世界看到存有与成有、成有与存有密切相关。典型事物、一般事物、种类仍然存在；人不能从荆棘中发现葡萄，也不能从蓟中发现无花果；植物不会变成动物，动物不会变成人类，人类也不会成为天使。如李卜曼（Liebmann）[156] 正确地论到，这是柏拉图主义的真理。然而，我们同时也看到整个世界，以及它所涵盖的一切，都处在持续的运动中；有不中断的出现与逝去，不止歇地出生的成有和死亡；没有受造物与其他一个受造物相同，甚至受造物自身在两个不同时刻也不会一模一样。这里唯一恒久的就是变化无常。这就是达尔文主义（Darwinism）中的真理。[157]

这些是每个人都可以肯定的事实。否认它们，或为了其中一组而牺牲另一组，都是毫无益处的。进化论的概念使人想起了赫拉克利特（Heraclitus）的"万物涌流"（panta rei），以及否认了一般的、类别的实在。但是，大规模回归亚里士多德的"实在之形式"（formae substantiales）如今皆可觉察到。汉斯·杜里舒（Hans Driesch）[158] 在他最新著作的前言里说到，他旨在综合亚里士多德和牛顿的"研究的原则"（Forschungsmaximen），称科学的最新转折为"回归亚理士多德和经院学者的实体之形式与隐藏属性，而这一切都被认为是已经攻克了的"。[159] 可是无论变化有

---

[156] 英注：奥托·李卜曼（Otto Liebmann, 1840–1912）是一名德国新康德主义哲学家。

[157] Otto Liebmann, *Zur Analysis der Wirklichkeit* (Strasbourg: Trübner, 1900), 318; Liebmann, *Gedanken und Thatsachen*, 2:142.

[158] 英注：汉斯·杜里舒（Hans Driesch, 1867–1941）是一名德国生物学家与哲学家。

[159] Driesch, *Naturbegriffe und Natururteile*, iv, 53, 224; Liebmann, *Gedanken und Thatsachen*, 2:149. 英注：巴文克的德文引文："Zurück zu den für überwunden gehaltenen substanziellen Formen und verborgenen Eigenschaften des Aristoteles und der Scholastik"。

多大，遗传都是如此恒定，以至于没有指导性的思想和形塑的力量，就无法理解发展的进程。正如自然科学家和哲学家最近开始再次谈到无意识的效率、沉默的意志、被赋予灵魂的原子、某种特殊的生命力、"主导性的设计"（Gestaltungsdominanten）、"目的的异质性"（Heterogenie der Zwecke）、"有效适应的能力"（Fähigkeit der zweckmässigen Anpassung），诸如此类。[160] 这或多或少表明了对以下事实的坦率承认：物质和活力不足以解释在自身存有中的事物（things in their being），或在某种特定方式下之存有中（in their being in a certain way）的事物。

《圣经》也教导，不仅受造的实质是独特的，而且相同的本质在不同受造物中以不同方式得以组织。某种独特的特性分别赋予了天地、太阳、月亮、星宿、植物、动物、人类等。透过此特性，它们可以个体地活在它们的类属（geslachten）中，维持它们之所是。《圣经》没有明确声明，物质是否会带来许多或些许元素，或带来最后的单一元素。《圣经》也没有给我们提供一个不可变物种的目录，类似于我们通常的分类。可是《圣经》向我们显明，不单存有，而且特定方式下的存有，在实质与组织上都由上帝来定义。在此指导下，基督教哲学得以对柏拉图 - 亚里士多德思想中的观念、形式（forms）的学说，在修正的意义上加以采用。

诚然，若无这样的形式，我们就无法得出对事物的阐述。但是，这些形式不应作为康德哲学意义上的范畴，就是我们借着精神活动（geesteswerkzaamheid）应用于对物质感知的范畴，而加以处理。它们不只是主观的，也不是被带入我们感知的材料的被动事物。但是它们可以被视为客观的观念，而这些观念赋予部分的多样性以秩序和连贯性，并将它们结合成一个有机的合一体。它们使事物按其特性成为之所是。就像艺术家在大理石上刻下自己的想法，上帝在世界中实现祂的圣言。然而，此中仍有很大的区别。人只

---

[160] Von Hartmann, "Mechanismus und Vitalismus in der modernen Biologie."

能制作产品、艺术品或工具,【因而观念多少总是保留其超然性】[161]。但是上帝创造【诸般本质(wezens)】[162];尽管这些本质在祂手中仍是器皿(赛十 15),却吸收了这个观念,并透过自发的活动来实现他们自己。一个思想并非是浮现的,而是已然在事物中。从某种意义上,对所有受造物和全世界都是如此。在正确的意义上,整个世界可以被称为一个有机体,是一个活物(ζωον)[163],纵然我们可能尚未在此基础上将一个活的魂归属给单子、原子或繁星,如莱布尼兹(Leibniz)[164]、海克尔、或费希纳(Fechner)[165] 所做的一样。整个宇宙都是神圣智慧的启示。上帝不仅是超然居上,而且也内蕴于一切借祂的道和圣灵所造的受造物中。

借此,我们理应得出以下评论:神圣智慧解释了事物的【存有(essentie)】[166],它们的合一和差异,而没有解释其存在。存有并非单单源自思考(denken)。与智性主义(intellectualism)相反,唯意志论(voluntarism)基于以下基本原理,即并非思想、而只有意志才可以作为事物"存在本源"(principium existendi)。观念可以是"范式因"(causae exemplares),可是单单存有不可能是一个"动力因(causa efficiens)。话语必须连于行动,"生出"(generation)必须连于创造,智慧必须连于上帝的谕旨,为要给作为一种观念而永恒存在于神圣意识中的事物赋予一个真实存在。《圣经》的教导与柏拉图主义之间的一致,以及《圣经》的智慧的教义并罗格斯

---

[161] 中注:此片语直译自荷文版55页。
[162] 中注:见荷文版55页。
[163] Tilmann Pesch, *Die grossen Welträthsel* (Berlin: Herder, 1907), 1:46, 50; Liebmann, *Gedanken und Thatsachen*, 2:177.
[164] 英注:戈特弗里德·威廉·莱布尼茨(Gottfried Wilhelm Leibniz, 1646–1716)是一名德国理性主义哲学家。他在包括数学、物理学和伦理学在内的多领域都做出了贡献。
[165] 英注:古斯塔夫·费希纳(Gustav Fechner, 1801–1887)是一名德国物理学家和哲学家。他帮助建立了心理物理学(psychophysics)这门学科。
[166] 中注:英译本此处将拉丁文"essentie"译作"本质"(essence),而更恰当的翻译应为"存有"(being)。这也与紧邻的下一句对存有(zijn)的论述相符。

的教义与希腊哲学的罗格斯思辨之间的一致，不能令我们忽视它们的巨大差异。根据《圣经》的观点，观念在上帝之外没有客观、形而上的存在，而只存在于祂的神性【本质（wezen）】之中；它们既不包含一般的概念、事物的类型和形式，也不包含将要出现（shall be）和发生的一切思想（没有丝毫例外）。它们也不是凭自己，或凭将其作为模型的工匠（δημιουργός）而得以实现。确切而言，它们是借出于上帝自己意识的旨意而得以实现。这乃是透过上帝的旨意；该旨意是以思想为引导，是"上帝旨意的定旨"（βουλη τον θεληματος），赋予事物自身的存在，并使它们持久存在。在祂的道、祂的圣子中言说出来的上帝的思想（thoughts），是事物的"范式因"，是上帝与世界之间、一与多之间的纽带。但是这些思想是借着上帝的旨意和大能被纳入事物本身，并在其中被造为"内蕴因"（immanente causae）。上帝在圣子中赋予万物以存在（西一15）[167]，并且圣子用祂权能的圣言托住万有（来一3）。借着这个旨意和上帝的这种能力，我们就可以理解，事物的思想在它们里面成为"主动的本源"（actieve principia），且作为"运动的起始"（άρχαι της κινησεως）激活并管控它们。古老的格言"形式赐予事物存有"（forma dat esse rei）因而必须要正确地予以理解。"形式"（forma）赐予"实质"（materia）其"存有"（essentia）、"独特性"（distinctio）、"行动"（operatio），这只有在形式上来说是真实的。在有效的意义上，这全都归因于上帝的旨意。[168] 上帝的权能（δυναμις）和上帝的活力（ἐνεργεια）运行在世界上，万物藉此而为之所是和运作。神圣活力是受造物中一切力量和活力的来源；又因为此活力并非是盲目的，而是受神圣智慧所引导，所以自然世界中的力量与运作也展示了动向和路线。它们在外部不受强迫，而是内在地、在其自身的本质（wezen）中与思想联结。

这项神圣智慧与旨意的教义也解释了在全世界都可以观察到

---

[167] 英注：巴文克错误地引用了《歌罗西书》一15，引文应该是一16。
[168] Alsted, *Encyclopaedia*, 1:615.

的发展（ontwikkeling）。机械观的提倡者都在谈论发展与前进、进化与进步，但他们并未深入思考这些概念，并只满足于空洞的言语（klanken）。若非如此，他们应轻易就能明白，在进步和完善意义上的发展，无法与一部由原子构成的机器相容。从这个角度来看，以下这些问题均无法回答：

> 如何借着一个由原子构成的【普遍】同一持续的无生命机器——不论此机器是无政府主义的或暴民政治的——来想象完美、高等文明、优越性、完美性呢？为什么自然不永远保持为尘埃和雾气组成的混沌漩涡，反而透过原子的物理和化学的运作方式，使眼睛可看见，耳朵可听到，神经可感觉，肌肉可弯曲和伸展，大脑有思想的能力，最终达至逻辑、理性和伦理呢？自然是如何做到的呢？[169]

在机械世界观中，没有任何真实意义上的发展。事物之间的一切差异，无论有多大，终极而言都是偶然和定量的。此处无**成有**，因为没有什么**需要**成有或**必须**成有。既没有目标，也没有起点，而发展恰恰基于这两方面；它描述了从一边引到另一边的道路。这只有在以下情况才有可能：事物为某种事物；它们有一个本性（natuur），一个关于它们所有属性和活动的本源（principium）和根源（radix）；它们凭借那本性必须成有某事物，并必须达到某目的。故此，机器和工具中并无发展，而发展只在有机的本质中，无论它们是物质的还是精神的。因为尽管物质和精神在本质上有

---

[169] Liebmann, *Gedanken und Thatsachen*, 2:142. 英注：巴文克的德文引文：
"Wie Vervollkommnung, Höherbildung, Emporgang, Perfectibilität bei durchgängig gleicher, anarchischer oder ochlokratischer, zielloser Mechanik der Atome denkbar sein soll? Wie kommt denn die Natur dazu, nicht ewig ein chaotischer Staubwirbel und Dunstnebel zu bleiben, sondern sich durch physikalische und chemische Mechänik der Atome sehende Augen, hörende Ohren, fühlende Nerven, beugende und streckende Muskeln, denkfähige Gehirne, schliesslich eine Logik, eine Vernunft, eine Ethik zu verschaffen? Wie kann sie das."

所不同，受造的属灵本质还是具有一种实质（materia），因着它们也是出于潜能和实动性、类型与差异、实体与存有（ex potentia et actu, genere et differentia, ente et essentia）而组成。[170] 唯独上帝才是绝对存有，那"自有永有的"[171]；可是所有受造物，包括属灵的（pneumatic）与属魂的（psychic），都服在成有的律之下。它们必须成有，也可能成有，因为他们就是某事物，有一个本性、一个形式（forma）；这本性和形式控制并引导它们朝向特定的方向。这本性就如同是"神圣的声音"（θειος φωνη），在每个人的身体中回荡（sonas in quolibet corpore），是上帝在平凡事物中的力量（vis Dei ordinaria rebus insita）。[172]

然而，正因为上帝的智慧和能力在万物中运行，所以就有可能从整体上谈论与世界有关的发展。可是，这世上确实也有许多无生气、无生命之物；在严格意义上来说，对它们而言，无从谈及发展。但是，它们仍然被当作这个世界整体的有机组成部分，并且这种世界整体就是一个有机体，根据固定的律发展，并朝着一个目标迈进。从机械世界观的角度来看，这种信念没有存在的权利。于是，除了永恒的"万物涌流"（panta rei），存有的汪洋中的一个纯粹的波浪，便一无所有：一无所成、一无所获；若这世界消逝，那么就只留下一个空间来提出一个绝望的问题：这一切是为了什么？[173] 在有机世界观里，情况恰恰相反：基督教世界观赋予我们权利可以谈论万物中的发展，以及与整个世界相关的发展，因着有一个在时间的流逝中必定实现的神圣思想。上帝为了自己的旨意创造万物，使万物来荣耀祂的名。万有都是本于祂、

---

[170] Alsted, *Encyclopaedia*, 1:681, 643. 英注：巴文克提供的是拉丁语的引文："ex potentia et actu, genere et differentia, ente et essential."

[171] 中注：巴文克所用的荷文为"Ik zal zijn, die Ik zijn zal"，英文直译为"I will be who I will be"。

[172] Alsted, *Encyclopaedia*, 1:676.

[173] Friedrich von Hellwald, *Kulturgeschichte in ihrer natürlichen entwicklung bis zur gegenwart* (Augsburg: Lampart, 1883), 2:727.

倚靠祂、归于祂。[174]

　　无论以何种方式以及按何种律，这发展无论在整体或组成部分层面发生，仍然在很多方面对我们是隐藏的。化学比过往都要深入探究自然、类同、元素之间的联系。在尖端发明仪器的帮助下，也透过精准实验研究，生理学使我们对有机体的功能，如呼吸、血液循环、消化、新陈代谢、造血、感官器官与脑部运作等，比过往有更深入的认识。植物学家和动物学家一直在观察细胞、原生质和细胞核的生命迹象。受精过程的每个阶段，已借着显微镜研究而予以跟进和确定。然而，这一切研究尚未得出确定的结果。关于有机物的起源与繁殖的假说的数量，与研究者一样多，似乎一个比一个更站不住脚；[175] 只有生机主义（vitalism）最近才扩大了影响。[176] 当前先成说（praeformatie）与后成说（epigenesis）、生机主义与反生机主义、目的论与（机械式的）因果关系、内蕴的与超然的目的论之间的较量，首要问题始终是：有机体的形成是否受一种非物质原则的支配，即受一种观念管制？抑或有机体的形成是根据盲目的必要性之律"（nach blinden Gesetzen der Nothwendigkeit），即有机体是原理（principe）或该原理变化的产物？[177]

---

[174] 发展的观念在我其他著作中也有所探讨，尤其是以下这部：*Schepping of Ontwikkeling* (Kampen: J. H. Kok, 1901), 39。其他人的著作：Pesch, *Die grossen Welträthsel*, 2:128; Heinrich Pesch, *Liberalismus, Socialismus und Christliche Gesellschaftsordnung* (Freiburg: Herder, 1901), 3:257; Max Reischle, "Wissenschaftliche Entwicklungserforschung und evolutionistische Weltanschauung in ihrem Verhältnis zum Christentum," *Zeitschrift für Theologie und Kirche* 12, no. 1 (1902): 1–43; Abraham Kuyper, *Evolutie* (Amsterdam: Hoveker en Wormser, 1899); Ambrosius Arnold Willem Hubrecht, *De evolutie in nieuwe banen* (Utrecht: J. van Druten, 1902); Max Heinze, "Evolutionismus," in *Realencyklopädie für protestantische Theologie und Kirche* (Graz: Akademische Druck-u. Verlagsanstalt, 1896–1913), 3:627–81; Eucken, *Geistige Strömungen der Gegenwart*, 185；不胜枚举。

[175] Kuyper, *Evolutie*, 27–32.

[176] Von Hartmann, "Mechanismus und Vitalismus in der modernen Biologie," 369–377.

[177] Theodor Schwann 引在 Otto, "Die mechanistische Lebenstheorie und die Theologie," 179–213.

虽然科学如今主要偏向在后者的意义上（机械的方式）来理解有机体，但是人们过去也一直渴望以机械暨有机的方式（mechanical-organic manner）来理解有机体。由于"生发"（generatie）的概念在当今仅适用于有机的本质（wezens）上，所以此概念在过往就有更广泛的含义。在过去，人们谈到"生发"时，会涉及所有无生命的受造物，如"由上升的蒸气所产生"（quae ex elevatis vaporibus generantur）的大气现象，并在此过程中表明了成有的一个完整意义。[178] 毫无疑问，以上的想法充满许多愚昧无知。常出现的情况是，当某人不理解某个变化的物理原因时，就会提供一个形而上的解释；当有机和无机之间的界限没有严格划分时，人们常常会把一个看不见的元素（elementum invisible）、一个精神（spiritus）、一个星宿（astrum）归于那无生命之物。当物质和身体被认为已经死亡、无法行动时，人会将所有运作都归于一位隐藏的建筑师（een faber occultus）、祖灵（archaeus）、一个种子和力量的实体（ens semenis et virtutis）。[179] 相反，更近期的科学表明，机械性的控制范围比以往所认为的要大得多，甚至在有机化学中也是如此，甚至在生理学中也占据了有机体的领域。眼睛是根据光学之律而设计的暗箱（camera obscura）[180]；耳朵是一种艺术的声学设备；血液循环系统则与其他液体一样，遵循相同的静水定律。维勒（Wöhler）[181] 甚至发现尿素是一种人工所造的【化合物（verbinding）】。其他人对此密切关注，成功合成了许多碳化合物。长期以来，这些碳化合物被视为生命力的产物（producten der levenskracht）[182]

---

[178] Alsted, *Encyclopaedia*, 1:677.
[179] Alsted, *Encyclopaedia*, 1:692–693.
[180] 英注：巴文克拿眼睛跟一个漆黑的封闭空间比较，如针孔相机或暗房，当中有一个小孔容让光线进入，并把映像从一个表面投射到对面的表面上。
[181] 弗里德里希·维勒（Friedrich Wöhler, 1800–1882）是19世纪著名的德国化学家。
[182] Hertwig, *Die Entwicklung der Biologie*, 19–20.

但这并没有否定这样一个事实，即在"生发"中——正如先前所理解的——潜藏着一个原理。该原理对有机世界观具有重要意义，并被新近科学所证实。化学不断教导，所有仿射元素之间存在联系。综合（synthese）不是随机的，而是受律的约束；它设定了某种已界定的元素的质量和数量。事实上，并非所有事物都是可联系的，或在相同程度上是可联系的。这个过程中也有秩序和规则。此外，通过联系而产生的事物既旧又新。如此出现的物体，与每个组成部分相比，有不同的属性。化学合成体不同于化学组成部分。水在本质上不同于氢和氧本身。硫酸也不同于硫或氧。就像"灵魂"一词发出独特的声音，与该词之字母的单独发音并不相同，每个联系的化学也不同于，甚至高于在所组成的每个元素中所能理解的。[183] 在综合体中，每个元素都会在某种程度上失去其自身的存在和特征。

最后，由于一个人可以人为地创立这种元素的联系以及它们的分解，因此表明他知道并理解这个过程。【但这绝非事实。】[184] 然而，确立一个事实完全不同于解释与理解此事实。每种化学元素就其本质（wezen）、属性和活动而言，在最完全的意义上都是一个奥秘。可以被看见的最小物体，就其本身而言就是一个世界；原子和分子、动力子和活力，在它们的本性层面对我们而言完全是未知的。在一定程度上，我们可以根据先后出现的现象来确立律，可是"内在发生的……对我们来说永远都是奥秘；借此内在发生的一切，隐藏的进程产生从一种现象到另一种现象的过渡。"[185] 而元素的化学联系保持同样神秘，借此联系而产生的新事物亦然。

类比（analogie）绝非等同（identiteit）。尽管如此，清楚可

---

[183] Joseph Kleutgen, *Die Philosophie der Vorzeit* (Münster: Theissing, 1860), 2:314–35.
[184] 中注：英译版此处漏译，见荷文版63页。
[185] Classen, *Naturwissenschaftliche Erkenntnis und der Glaube an Gott*, 18. 英注：巴文克提供的德文引文："was dabei im Innern... sich vollzieht, durch welche verborgene Vorgänge der Uebergang von der einen Erscheinung zur andern sich vollzieht, das bleibt für uns ewig ein Geheimniss"。

知的是，我们在无机领域中遭遇了与有机世界中所遇见的相同问题：生发。无论生发以何种方式发生，我们总是看到新事物会从【化合物（verbinding）】中产生，而这不能仅以机械的方式，单单借着添加物予以解释。正因如此，人们在过去总是在一切成有中谈论生发。这支持仿射元素的联系，和相关事物的配对。它紧随着这些元素作为形式（forma）和质料（materia）、遗传和变异、向心力和离心力、精子和卵子、雄性和雌性的联合而发生。每颗精子只会在一个合适的、如同神圣储藏室的子宫中发育[186]；只有借着落在地里死去，才能带来新事物："一方的逝去是另一方的出生"（corruptio unius est generatio alterius；约十二 24）。

故此，发展不仅存在于逐渐、持续的变化、运动（motus）中，而且就像过去普遍接受[187]且现在再次被许霍·德弗里斯（Hugo de Vries）教授[188]所证实的那样，还存在于激增和急性突变中。也就是说，发展还存在于"非受造的重新设计中，仿佛突然从创造性自由的无穷丰满中浮现出来"。[189] 因此，建立在有机世界观之上的发展，证明自己是一种发展。此发展会进展，并令整体的每个部分和整体本身，迈向上帝已为它所立的最终目标。

因此，有机世界观终归彻底是目的性的。这并非在理性主义的简单意义上如此；理性主义认为人的心思（verstandsmensch）才是万物的尺度和目标。相反，这乃是按着《圣经》使我们知道的崇高意义；根据此点，一切事物都是透过祂而存在，并为了祂的荣耀而存在。这种目的论与我们在自然和历史中随处可见的因果

---

[186] Alsted, *Encyclopaedia*, 1:693.
[187] Leonhard Schmöller, *Die Scholastische Lehre von Materie und Form* (Passau: Kleiter, 1903), 15, 19.
[188] 英注：许霍·德弗里斯（Hugo de Vries, 1848–1935）是一名荷兰植物学家，也是遗传学领域的先驱。
[189] Ludwig Kuhlenbeck, *Natürliche Grundlagen des Rechts und der Politik* (Eisenach: Thüringische Verlags-Anstalt, 1904), 54. 英注：巴文克提供的是德文的引文："unschöpferischen, gewissermassen aus der unendlichen Fülle der schöpferischen Freiheit unvermittelt auftauchenden Neugestaltung"。

联系绝无矛盾。[190]"无来自于无"（ex nihilo nihil fit）和"无因就无果"（nullus effectus sine causa），均是没有人会反对的逻辑规则。但是，有多种多样的因。目的论不与因果观相抵触，乃是与机械观相矛盾；因为机械观不识本性（natuur）而只识形体（lichamelijke）层面，不识实质（substantie）而只识物质，不识力量而只识物理（physische）层面，故此不识任何其他因而只识机械方面。它想要把受造物的丰富性压缩到它那单一、令人窒息的狭隘体系中，即使被造物在实体和力量、因果和律的无穷多样性中自我呈现。牛顿认为事物的"观念"（ideeën; formae）可以被替换为律（laws）。但事实并非如此；上文提到的回归"实质之形式"（formae substantiales），如今再次充分说明了这一点。观念和律截然不同。观念表现受造物的**存有**方式，而律表现受造物的**运动**方式与**运行**方式。随着受造物之所是的差异程度，它们的运作也随之不同。任何人若忽视了这种区别，就冒有把律实体化（hypostaseeren）的危险——如同柏拉图对观念所做的一样——并冒有容让律如恶魔的力量般盘旋在事物之上的危险。[191] 但由于受造物彼此在观念和特性上互不相同，因此它们根据不同的律来运动和运行。对于机器和有机体、肉体与精神、自然和历史、头脑和心灵、理性生活和道德生活而言，这些都不尽相同。甚至神迹的领域也受其自身特有的一个思想和律的管辖。

根据有机观，这一切受造物，连同所具有的不同实质、观念、力量和律，都被纳入一个整体里，并服务于一个终极目标。无论是无机的或是有机的，此终极性（finaliteit）无处不在。我们不常看到的事实证明，终极性就在那里，就在我们确实看见此终极性之处。然而，这种终极性在任何地方都会强迫因果关系服务于自己。就像有人设定了某个目标，然后使用特定方法，并踏上达此目标

---

[190] 中注：英译本此处遗漏了以下注脚：参我的 *Gereformeerde Dogmatiek* 2.63, 185。

[191] Otto Willmann, *Geschichte des Idealismus* (Braunschweig: F. Vieweg und Sohn, 1896), 3:215.

的必经之路，目的因（causae finales）也到处使用动力因（causae efficientes）来实现自我。因此，前者是真正的因，是实际的推动力，而后者设立了的条件；若无这些条件，前者就无法实现。就达尔文主义所包含的真理而言，它最多只能设定条件，或向我们显明偶因（gelegenheidsoorzaken）；借着并透过此偶因，发展得以发生。但是，达尔文主义仍未向我们解答发展为什么会发生，以及为了什么而发生的问题。[192] 达尔文没有给我们答案，柏拉图和亚里士多德也没有。只有借着基督徒的认信，即上帝是创造者并且祂的荣耀是万物的目的，我们才有答案。一切都服务于此，一切都指向此。

以这种方式来考量，目的因既非有害的敌人，亦非外来的入侵者，它们从外部伏击动力因（werkende oorzaken），并迫使它们（违反它们的意愿）屈服。它们乃事物自身中塑造性（vormende）和领导性的本源（principia），是由上帝的大能所托住的活力；受造物在发展的道路上产生这种活力，而这活力为受造物的运动指明方向。这样，在等级和程度上有非常明显的区别，其中不同受造物的"带有目的之思想"（Zweckgedanke）是内蕴的。卡尔·恩斯特·冯贝尔认为，"权宜"（Zweckmässigkeit）不同于"带有目的性的坚决"（Zielstrebigkeit），并且分别有超然的目的论和内蕴的目的论。[193] 对于机器而言，其服务之目的始终对内在而言是陌生的。但是，鉴于受造物以有机的方式存在，目的因作为一种观念被纳入它们，并且它们为此观念的实现而共同努力。[194] 从最高的角度来看，整个世界是一个有机的合一体，被一个思想支撑，由一个意志引领，指向一个目标：一个"器官"（ὄργανον）就是一台"机器"（μηχανη），同时一台"机器"也是一个"器官"；这是一个会**成长**的**建筑物**，又是一个**被造的身体**。世界是这位至尊艺术家和宇宙建筑大师的艺术品。[195]

---

[192] Liebmann, *Zur Analysis der Wirklichkeit,* 354; Liebmann, *Gedanken and Thatsachen,* 2:163.
[193] Trendelenburg, *Logische Untersuchungen,* 2:29, 30.
[194] Trendelenburg, *Logische Untersuchungen,* 2:79.
[195] 中注：英译本遗漏了以下注脚：参拙著 *Gereformeerde Dogmatiek* 2.460-65。

四. 成有与行动

可是，这种世界观（wereldbeeld）的和谐被鲜明的反差所打断；我们尤其就第三个问题来介绍这种反差，即成有与行动（handelen）的问题。在一系列的事件中，是否仍有个人性、独立、自由之行动的空间呢？我们能否以充分的理据，并自信地继续宣称"我思、我决意、我行"呢？还是说利希滕贝格（Lichtenberg）的话是真的："人说'它想'是否跟人说'它在下雨'有一样意义呢？"[196] 难道神智学（theosophie）的非位格性（impersonal）、中性的"它" 就是唯一和推动一切的力量吗？抑或【整个万物（geheel der dingen）】仍留有位格性和自由的空间？到底是否仅有"自然"（physis），还是也有"精神"（ethos）呢？

---

[196] 英注：巴文克这里所指的是德国物理学家与讽刺诗作家格奥尔格·克里斯托夫·利希滕贝格（Georg Christoph Lichtenberg, 1742–1799）的著作。利希滕贝格在原著中询问人们在谈论自身的行动时，是否应该采纳用以谈论身外现象的相同（德文）语法结构；而在巴文克这里，身外现象就是天气："Es denkt, sollte man sagen, wie man sagt, es blitzt?"尽管利希滕贝格所指的是闪电（"es denkt"直译为"它闪电"）而不是下雨，但用英文和德文描述气象现象的不同方法，需要一个动态翻译以表达利希滕贝格的观点。

一旦我们试图思考这个问题，就会受此显著且毋庸置疑之事实的拦阻：无论我们实际上是否自由，我们均无法找到不自由的自由。自由的事实，甚至是自由的可能性，都值得商榷，但是对于自由的权利和义务是无可争辩的。我们自由并非简单地为了被动地屈就所发生的事，并让自己在生命的潮流中随波逐流，无忧无虑。[197] 我们的意识一旦醒觉，就会发现在我们之上有律和规范指引我们，以使我们提升至自然之上，并使我们摆脱其胁迫。[198] 在这些规范中，我们得知另一世界，一个不同于且超于在自然中向我们显明的世界。这不是一个关于"义务"（moeten）的世界，是"归属"（behooren）的世界，是伦理自由和选择的世界。在这些规范中，一个道德世界秩序在经验性的实在之中和其之上得以维系；这是一个观念、真理、善与美的世界。尽管它鄙视一切的胁迫，但是此世界秩序在其道德特征上具有一个超越自然力量的能力。问题不在于人类是否能够或愿意遵守其律；它明确地表示这样做是适切的。你要尽性地爱那真、善、美；你要爱上帝高过一切，其次就是爱邻舍如同自己。

这现象显目庄严。严格的因果关系主导世界各地，没有任何偶发之事，事出必有因。但是在道德的世界秩序中，一种力量出现在我们面前，而它似乎并未考虑这种因果关系。它不接受对我们无能为力和无知的诉求，对任何借口和粉饰也没有兴趣，也不会满足于真心好意或庄严的诺言，且不与良知协商。但是它要求我们所有人在生活的所有情境下，无一例外、随时随地遵守它的命令来行事。真、善、美主张占据全人，并且永不会将我们从服役中释放出来。一个人必须遵循道德理型，且要完全，如同人类

---

[197] Otto Liebmann, *Gedanken und Thatsachen* (Strasbourg: Trübner, 1901), 2:179.
[198] Van der Wijck, "De wereldbeschouwing van een Nederlandsch wijsgeer," *Onze Eeuw* (October 1905): 129–157. 范德维克（van der Wijck）在此文中讨论了杰拉尔·赫曼斯（Gerard Heijmans）教授的著作 *Einführung in die Metaphysik*，并且评论赫曼斯教授只谈及律（laws），而未提到规范（norms），可是因果关系或规范性问题仍比身体或心理的问题更重要。

的天父一样完全；他不仅在漫长发展的尽头要如此，而且要在此时此刻如此，并恒常如此。因此，我们犹如本能地意识到此要求的公道性；我们自己也持续借此来评断他人。我们不是旁观者，对周遭发生的事无动于衷。我们乃是以真、善、美的律来检测一切，并宣告我们的赞成或反对。当涉及我们自身时，个人利益为我们提供了许多现成的借口。但是当涉及其他人时，我们几乎从来不会应用这些相同的借口。我们对他们加以最严格的标准，并且不是在理论上就是在实践上，不是抽象地就是在每个具体的情况下，要求他们之所是与所作必须不同于它们过去之所是与所作。因此，我们不会停留在经验性的实在中，也不会满足于因果的解释。我们内里有一个律，该律控告我们应是和应行的与我们实际所是和所行的有所出入。我们形成价值判断，相信理型的善，坚守不朽、永恒的规范。

这些规范从何而来？它们是自欺欺人吗？它们是人类精神病理学的一章，类似于巫术和精神错乱吗？只要在人类意识中确立了上帝的存在，就不会出现这个问题。由于祂的存在，所有权柄和律的来源都得到了【解释（verklaard）】[199]。但是，当现代科学兴起，并从所有信仰和宗教中解放出来时，包括道德律在内的一切律的基础都被动摇了。超自然主义和理性主义仍然尝试用物理学和各种神学来维持旧的立场，但被证明无法承受着这种攻击。正在那时，康德登场，并在人类本性的本质中寻求道德律的另一个坚实基础。为此，他首先指出了科学的局限性。为要给信心存留空间，他必须先剥夺知识的一大领域。的确，按照康德的观点，理智受缚于经验性的实在，无法超乎其上。它对看不见的永恒事物一无所知，无法获得对上帝、灵魂、不朽的确信。如果有人除了理性就一无所有，那么他将对这些事情一无所知。可是，他仍

---

[199] 中注：英译本把verklaard译作"宣告"（declared），但此词也可以译作"解释"（explained）；而从上文看来似乎是对提问的解答，故中译本采取后者的意思。

然有一个实践理性、心灵与良知，而他在这些方面感到自己受缚于一个绝对的律和理型的规范。这种道德的束缚以人性为基础；它是一种先验的事物（a piori），无法从经验中得出。康德从这个事实出发：在他看来，义务的绝对有效性是道德、神学和宗教的基础。哲学从科学的领域中被驱逐，被赋予了研究必须的、普遍适用之价值的任务。[200]

借着回归义务的绝对、无条件的有效性，康德在他的时代为道德做出了杰出的贡献。毫无疑问，康德也受一种强烈的努力所激励，就是按理型规范的优越性而持守它们，令其高过人的认可与自我利益。但问题是，他是否成功地赋予了道德一个新的基础，而此基础注定会遭受批判。一开始似乎是这样。但是，当历史意识（historische zin）在19世纪觉醒，进化论的思想在科学中被四处应用，许多人开始怀疑人性及其对义务感（plichtbesef）是否确实是一个客观与不变的事实；人们从这个事实出发，可以安全地开展研究道德生活。然而，"自然"（physis）与"精神"（ethos）却不能以如此二元论的方式分割，仿佛一边无一例外地适用因果律并且科学亦有发言权，而另一边因果关系戛然而止，以便为信心创造空间。在心理上和生理上，人都不是凭空出现；他已成为历史性的。其义务感与道德律在他身上逐渐形成，正如由人类与同时代和其他时代的民族之间所存在的巨大差异这一事实所确凿证明。人作为道德的存有，是他所处环境的产物。况且，康德本人也认为义务感和道德律不需要上帝来解释它们的起源和本质。他颠倒了顺序，不是把道德建立在宗教上，而是把宗教与神学建立在道德上。这就是他努力所做的，单单并纯粹从人出发来解释

---

[200] Wilhelm Windelband, Praludiën: *Aufsätze und Reden zur Philosophie und ihrer Geschichte*, 2nd ed. (Tübingen: Mohr, 1903), 1–57, 119–154; Windelband, *Immanuel Kant und seine Weltanschauung* (Heidelberg: Winter, 1904). 关于康德在多大程度上维护了形而上学这个问题，众说纷纭。比较 A. Bruining, "Kant en het Rationalisme," *Nieuw Theologisch Tijdschrift* (1912): 217–245; Bruining, "Kants kennisleer en de wijsgeerige Theologie," *Nieuw Theologisch Tijdschrift* (1912): 392–421.

道德生活，并排除了上帝。康德使人成为自主的和自己的立法者；正如这样的人透过先天的概念表征（aanschouwingsvormen）和悟性范畴（verstands-categorieën）来创造现象世界，他也透过自己"实践理性"（praktische Vernunft）的特异装置来建立道德秩序。于是，当这种关于道德的自主性原则抛弃其个人主义，并从历史的角度去理解，那么就得到了认可：正是人类在进化过程中逐渐赋予道德生活、权柄和义务感、利他的本能和伦理动机以存在和普遍的合法性。[201]

针对康德，这种批评在很大程度上是合理的；它用康德自己所使用的武器与他作战。而且这种历史观在初步接触时也有很大的吸引力；它对渐进式的发展、有机成长有独到的眼光，也常常对宗教和伦理现象有惊人的见解。但其不受限的应用最终带来了极大的亏损。假如一切都在过程中消解，那么真理与虚假、善与恶、美与丑的理型规范就再也不能保持其绝对特质。因为"今天或明天的真理是荒唐的，凡真理都是恒久的，或者说它与时间根本没有联系。"[202] 在观念的辩证过程中，在现象的逐步演变中，没有为绝对存留空间。凡将"精神生命"（het geestesleven）弃于运动（beweging）之人，就是从里到外地扭曲了它[203]，并永远剥夺它在坚实基础上重建的可能性。让心理学和历史致力于最严肃和广泛的研究吧！然而，以下希望都是徒劳的：一个人精确地分析人的倾向和行为，就会获得伦理学；或者一个人透过实践宗教心理学

---

[201] 根据Windelband, "Normen und Naturgesetze," in *Praludiën*, 249–286，灵魂的生命（zieleleven）也是受牢不可破的自然法则所支配，而它的规范是判断必然事件之价值的准则。规范与自然律从起初（oorspronkelijk）和在本质上（wezenlijk）并无区别，但借由自然的必要性（natuurnoodwendig）而逐渐出现，并将自然作为一种手段；人类借此（也是借自然而成为必要）升至更高的、道德的立场。

[202] Rudolf Eucken, *Geistige Strömungen der Gegenwart* (Leipzig: Veit, 1904), 208. 英注：巴文克的德文引文："ein Wahres für heute oder morgen ist ein Unding, was irgend wahr ist, das gilt für alle Zeit oder vielmehr ohne alle Beziehung zur Zeit"。

[203] Eucken, *Geistige Strömungen der Gegenwart*, 209.

和宗教史，就能得到真正的宗教；又或只要先精确地研究社会本能，就能组织社会。[204] 如果存有本身不是成有的基础，那么就没有从成有到存有的过渡。

这乃是因为一个人总是需要某种确定性。然而，既严重又始料不及的危险很快就会出现，就是人将被这种片面的历史观引向一种虚假的民族主义，引向一种狭隘的沙文主义，引向一种对种族和本能的狂热。泛日耳曼主义（pan-Germanism）、泛斯拉夫主义（pan-Slavism）等，都提供了证明。继戈宾诺伯（Gobineau）[205]与《作为教育家的林布兰》（*Rembrandt als Erzieher*）的作者[206]之后，张伯伦（H. S. Chamberlain）[207]是这意识形态的雄辩解释者。规范在历史性事物中被寻找，理型等同于实在，相对事物被提升到绝对事物的地位。为此，即使是最高最神圣的，也会被从基座上取下来；如果耶稣还想对我们保留任何权柄，那么他就必须让自己投入雅利安族。所有重要民族都有自己的宗教创始人：波斯人有他们的扎拉图斯特拉，印度人有他们的佛陀，中国人有他们的孔夫子，犹太人有他们的摩西，希腊人有他们的荷马，阿拉伯人有他们的穆罕默德；雅利安人中最文明的日耳曼人不可能产生这样的人格，而他们不得不与犹太人一起上学！相信耶稣不是犹太人，而是雅利安人，并且相信《圣经》为此事提供证据的人，如同每一个异端都能找到《圣经》经文佐证；这些人是何等愚昧啊！"世

---

[204] Otto Willmann, *Geschichte des Idealismus* (Braunschweig: F. Vieweg und Sohn, 1896), 3:33v.

[205] 英注：约瑟夫·亚瑟·德·戈宾诺伯爵（Count Joseph Arthur de Gobineau, 1816-1882）是一位法国贵族。他提出了雅利安人（Aryan）为"优等种族"（master race）的概念。

[206] 英注：尤利乌斯·朗本恩（Julius Langbehn, 1851–1907）是《作为教育家的林布兰》（*Rembrandt als Erzieher*）一书的作者。他是一位浪漫主义诗人，并基于日耳曼名族优越性而主张泛日耳曼主義。

[207] 英注：休斯顿·斯图尔特·张伯伦（Houston Stewart Chamberlain, 1855-1927）是一位英国出生的德国哲学家，他的作品对20世纪初泛日耳曼民族主义（völkisch）运动颇具影响，后来塑造了国家民族社会主义运动（National Socialist Movement）的反犹太主义。

界终有一天会被德意志的本性（Wesen）所治愈。"²⁰⁸ 但所谓纯历史观就是这样变成了最偏颇的历史构造。如果理论或体系对此有要求，那么原始人就是野生动物，未开化的民族便是最初人类的代表，巴比伦人便是犹太人的老师，继而耶稣不是出自以色列人，而是出自雅利安人。假如缺乏这些命题的证据，那么不惜代价提供证据的任务就落在历史批判上。

于是，相对主义看似不偏不倚，因它想要知道的是没有固定的规范，并声称只关心和阐述具体的、历史的【和生存的（levende）】事物。²⁰⁹ 然而，它使相对本身成为绝对的，从而以真正的自由换取强迫，以真正的信心换取迷信。最糟糕的不是它这样做变得自相矛盾，因为这种矛盾从起初就有，并朝向怀疑主义和它自身；认识并证成自己是真理，它就取代了绝对的立场，文德尔班（Windelband）²¹⁰ 对此正确地论道："凡证明相对主义之人就是摧毁了相对主义。"²¹¹ 可是，潜在的最大危险在于，相对主义剥夺了理型规范的绝对合理性。自主性对康德来说是一种手段，尽管选择糟糕，但仍是一种手段，以维护"你要"（Du Sollst）的定然（categorical）特质；但透过进化论一元论，自主性成了一种破坏一切权柄和律的原则。人形成了自己的宗教和道德，形成了自己的世界观和生活观。最主要的是，人除了自己，不受任何约束，放纵自己，为别人提供片刻的审美愉悦。

这样，所有的道德机构，所有的家庭、社会和国家的建立，自然都会分崩离析。正如感官感知之知识的最后成分和自然的最

---

[208] H. S. Chamberlain, *Die Grundlagen des neunzehnten Jahrhunderts* (München: Bruckmann, 1903), 1:209; 参 A. Muller, *Jesus, ein Ariër* (Leipzig: Sängewald, 1904); Johannes Lehmann-Hohenberg, *Naturwissenschaft und Bibel* (Jena: Costenoble, 1904), 3, 113. 英注：巴文克提供的德文引文："Am deutschem Wesen wird dereinst die Welt genesen."
[209] 中注：见荷文版77页。
[210] 中注：威廉·文德尔班（Wilhelm Windelband, 1848-1915）是一名德国新康德主义哲学家。
[211] Windelband, *Praludiën*, 46. 英注：巴文克提供的是德文引文："wer den Relativismus beweist, vernichtet ihn"。

后成分是原子或活力，家庭、社会和国家也被分解成它们的原始元素，即个体的人；或更一致地说，由于这些个体也是由其他事物组成，因此分解成本能、动力和激情。毕竟，不再有客观的观念，不再有道德的关系，不再有任何结合并组织这些元素的固定秩序。然而，正如我们不能超越我们的精神（geest）去形成普遍概念和形塑超越我们自己的一种本性，我们同样也迫于需要而将个人归入一个社会——那里不存在道德义务，即便确有物理上的胁迫。通过一个虚构的协议或因形势所迫，人们团结起来。普遍的概念都是唯名的（nomina），只是在主观上是必需的。自然是我们精神（geest）的创造物，同样社会也是社会本能的产物。[212] 因此，不是因为伦理的需要，而是因为实践动机和经济因素，个人主义变成了社会主义，自主变成了他治（heteronomy），唯名论变成一元论，原子主义变成了泛神论，无政府主义变成了专制主义，人民的主权（volkssouvereiniteit）变成了国家权力（staatsalmacht），自由变成多数人的专治。当卡尔·马克思发现了科学与社会之间的联系时，他就了解了自己所处的时代；正因如此，他想在"知识阶级"（de denkenden）与"受苦阶级"（de lijdenden）之间建立一种联系。如果除了原子主义或活力主义世界观所考虑的因素，自然界和历史中再无其他因素发挥作用，那么马克思所梦想的社会仍是唯一的理型。诚然，现代科学与社会主义确实有着基因上的联系。

然而，在原子之外还有其他因素，有其机械化学的力量和律；所以，它们不是在理论上，而在实践上也是大家所公认的。无论是有意识还是无意识，假若我们不相信逻辑、伦理和审美规范的实在，就不可能有任何判断。例如，这一点在马克思和恩格斯[213]的体系中已经非常明显。根据他们的理论，一切关乎法律和政治、

---

[212] 参Ludwig Stein, "Mechanische und organische Staatsauffassung," *Deutsche Rundschau* (August 1904): 249–63.

[213] 英注：弗里德里希·恩格斯（Friedrich Engels, 1820–1895）是一位德国哲学家与社会科学家。他与卡尔·马克思（Karl Marx）密切合作，发展共产主义意识形态。

宗教和伦理、科学和艺术的观念，都是经济发展的产物。存有——即社会存有——定义了意识。正如马克思在《政治经济学批判》（*Critique of Political Economy*）序言中所表述的："不是人的意识决定了人的存有（Sein）；恰恰相反，他们的社会存有（gesellschaftliches Sein）决定了人的意识。"[214] 可是，恩格斯后来认识到，爱与恨、正义感和志向等理型动机，也会影响人们的行动和事件的进程。他因而主张，归根结底，经济因素起决定性的作用，使历史像一个自然进程展开。然而，他和马克思以及他们的所有追随者积聚热情，要干预这一自然进程，并根据他们的观念引导未来的社会。他们居高临下谴责当今社会，用激烈的语言抨击资本主义，用炽热的愤慨诉说社会的心酸，不遗余力地谴责资产阶级（bezittende klassen）的"剥削"（uitbuiting）、没有爱心和不公义。当他们这样做时，并非一种确切的科学判断，而是一种道德判断。这是将伦理应用于经济，使他们相应地见证与行动。[215]

故此，理型的规范并不只存在于理论中；它们不是在生活之外的抽象概念，也不是只在学术界才有价值。它们可是实在本身的因素，是我们生活的指南针。它们每时每刻都在实践中被领悟；所有人按着本性做遵守律法的事，借此表明律法之工已经写在他们的心上。如果我们未武断和肤浅地把实在限制在我们眼所见、手所触的事物上，那么这些规范就与可感知的自然观察一样，有权以同等的方式拥有客观、不容置疑的存在。它们以不可抗拒的

---

[214] Karl Marx, *A Contribution to the Critique of Political Economy* (New York: International Library Publishing, 1904), 11. 英注：巴文克提供的是德文引文："Es ist nicht das Bewustsein des Menschen, das ihr Sein, sondern umgekehrt ihr gesellschaftliches Sein, das ihr Bewustsein bestimmt." 中注：英译本把Sein译作"存在"（existence），更准确的翻译应为"存有"（being）。

[215] Ludwig Woltmann, *Der historische Materialismus: Darstellung und Kritik der marxistischen Weltanschauung* (Düsseldorf: Hermann Michels, 1900), 173, 206, 366; Heinrich Pesch, *Liberalismus, Socialismus und Christliche Gesellschaftsordnung* (Freiburg: Herder, 1901), 3:281; Pesch, *Lehrbuch der Nationalökonomie* (Freiburg: Herder, 1905), 1:309.

力量，在每个人的意识、头脑和心灵、理性和良知中，确立了自己存在的证词。它们赋予一系列道德现象和事实、自由意识、义务感、责任感、自责、忏悔、悔恨等以存在；这些现象和事实就像我们用肉体知觉所感知的真实（werkelijkheid），是确定的、无可争议的。不但如此，它们是法律和道德、生活和工作、纪律和惩罚、家庭和社会与国家、科学和艺术、我们整个文化的基础。取走它们，就没有了真理，没有了科学，没有了法律，没有了美德，没有了美感。于是，不再有任何事物能让生命值得活下去。我们的人性将退化成兽性。[216]

这种逻辑、伦理、审美规范的客观实在回指一种世界秩序，而此秩序的起源和存在只能在于全能上帝。[217] 康德当然是用心良苦；为了让信心在道德世界秩序（zedelijke wereldorde）的尊荣中保留一席之地，他在理论理性与实践理性之间、科学与道德（宗教）之间挖了一道深深的鸿沟。如果说科学对于一切超验（bovenzinlijke）的事物都要以"不清楚"（non liquet）来作结，那么信心就在这个世界上获得了自由。事实上，他却用这种二元论削弱了自己的立场。第一，科学不仅不允许自己受到这样的限制，并且道德现象的世界很快就采用了其进化论观点。故此，当整个世界并未教导康德关于上帝之事时，他不得不在人之本性中寻找道德的基础，并使人成为自己的立法者。

---

[216] Otto Liebmann, *Zur Analysis der Wirklichkeit* (Strasbourg: Trübner, 1900), 587.

[217] E. W. Mayer, "Über den gegenwärtigen Stand der Religionsphilosophie und deren Bedeutung für die Theologie," *Zeitschrift für Theologie und Kirche* 22, no. 1 (1912): 41–71一文同样表明，对逻辑、伦理和审美规范的依赖假定了宗教，并且建基在上帝存在信念上。宗教信念"确实常常被忽视和否认，却仍然是所有真正精神和道德文化的载体（der zwar oft übersehene und geleugnete und dennoch vorhandene Trager aller wahrhaft geistig-sittlichen Kultur）。若没有对"约束力的次序、绝对有效的价值"（an eine verpflichtende Ordnung, an absolut geltende Werte）的信念，就没有真理、科学或艺术。Heinrich Rickert, *Der Gegenstand des Erkenntnis: Einführung in die Transzendental-philosophie*, 2nd ed. (Tübingen: Mohr Siebeck, 1904), 71.

然而，如果整个世界、整个自然界和人类也都按照其物理层面（physische zijde）预留给中立的科学时，又若人们承认在这整个领域中，除了纯粹机械的必然性统治之外，不能发现任何神圣的管治（Goddelijke regeering），那么为了在此宣扬自由，并借用上帝存在和灵魂不朽的假设，而止步于道德生活，就会给人留下稀薄的印象。这种二元论不是力量，而是软弱。如果上帝在世界的出现和存在中可以被忽略，如果连道德的世界秩序的起源和存在都取自于人，那么仅仅为了补偿美德（deugd）和幸福（geluk），祂的存在并非必要。二元论的世界观矮化了上帝和世界、宗教和科学、"对价值的判断"（Werthurtheile）和"对存有的判断"（Seinsurtheile）[218]。它将外部世界弃绝给了不信，并将内部世界弃绝给迷信。它打破了自然（physis）与精神（ethos）、成有与行动、认知与行为、头脑与内心的和谐。

如果逻辑、伦理和审美规范配得绝对的有效性，如果真、善、美是价值超过世上一切珍宝的物品，那么它们就不能将自己的起源归功于人类，因为律是为人类而设的。以下选项只能二择其一：真与假、善与恶、美与丑的规范在历史中借着进化缓慢出现，但它们并不是绝对的，而且它们今天是真与善，明天却可能是假与恶；或者说它们具有绝对的、不可改变的存有，可是它们不是历史的阐述——它们具有超然和形而上的特点；由于它们不能悬在空中，它们的实在就在上帝的智慧和意志中。

此相同的神圣智慧在创造世界之先就已经思考和认识它，并通过这种思考把实在赋予事物，把真理赋予我们的心思（verstand），也为我们的认知、决意、行动确立规范。联系思想与存有、存有与成有的观念，也为成有和行动、自然（physis）与精神（ethos）、认知和行为、头脑与内心带来了和谐。因为没有多神论，自然界

---

[218] 中注：英译本此处将德文"Seinsurtheile"译作"judgement of one's self"。中译本根据更直接的本体意涵，将此德文译作"judgement of being"，即"对存有的判断"。

的上帝无异于道德世界的上帝；在拥有能力的上帝的身旁，并无另一位拥有爱的上帝。正是这位全能的、真实的、圣洁的上帝，祂在万物之上，又在万物之中显明自己。祂创造、托住、统管自然和道德秩序。无论自然律、逻辑律、伦理律和审美律如何不同，它们恰如各种实质、拥有被造物中的诸多原因和力量，都有共同的起源[219]，因此不能彼此冲突。通过这种和合一性，自然界获得了一种无神论或泛神论观点所不能获得的意义和价值。自然不是一种愚蠢、残暴、鬼魔的力量，而是启示上帝的思想和圆德(deugden)[220]的渠道；它是上帝智慧的展示，是上帝荣耀的反射。尽管美德与幸福之间有诸多不和谐，但世界仍是人类宜居之处；世界不是天堂，也不是地狱，不是乐园，也不是荒地，而是一个符合人类现况的居所。在达尔文主义的影响下，兴起了如下思想：这个世界不过是一幕斗争和苦难的场景。但这种表述与18世纪的田园自然观一样，都是片面的。[221]《圣经》避免了这两个极端；它拒绝了乐观主义和悲观主义的虚假，但在这之前先充分承认这两种观点中的真理因素。

基督教世界观不仅在客观上恢复了自然秩序与道德秩序之间的和谐，而且借此在主观上也使我们的思考与行为、头脑与内心达到了奇妙的合一。若相同的神圣智慧赋予事物以实在，赋予我们意识以内容，赋予我们的行动以准则，那么这三者之间必定相

---

[219] Liebmann, *Zur Analysis der Wirklichkeit*, 717.
[220] 中注：荷文deugd可译作"美德"（virtue），但是这里的复数概念乃表示上帝的众多美德构成一个整体，例如上帝的慈爱和公义是不会分离的，乃同时彰显。在中文中，"圆"不仅表示完满，而且也有整体之意。
[221] 尤其是克鲁泡特金王子，他一再指出达尔文主义自然观的片面特征。在自然界中，除了许多斗争和痛苦，也可以看到很多爱心、参与和帮助。同一物种的动物互相支援，并在生活中互相帮助。这个因素对世界进程的发展具有重要意义，因为它促进了相互的仁慈、正义感和公平感，也确实促进了牺牲精神，并让动物世界和人类世界中的社会群体成为可能。见他的文章："De ethische behoeften van onzen tijd," *Wetenschappelijke Bladen* (April 1905), 33–57. 英注：彼得·克鲁泡特金王子（Prince Peter Kropotkin, 1842-1921）是一位俄国贵族革命哲学家。

互和谐。神圣意识中的**观念**（ideae）、构成事物本质的**形式**（formae）、赐给我们为生命准则的**规范**（normae），就不能相互斗争，而必须尽可能地密切相关。逻辑学、物理学、伦理学都建立在同一个形而上的本源（principia）上。真、善、美与真实的存有同为一。于是，头、心和手，思考、感觉和行动，在对它们的充分权利的认可中汇聚一处，同时也得到保护，免于各种夸大其辞和过分之举。智性、神秘性和伦理性的元素在平衡中彼此扶持，黑格尔、施莱尔马赫和康德相互调和。[222]

然而，神圣的权柄和理型规范的绝对有效性，使我们更加痛苦地感受到人类世界向我们展示的偏差。所有的人都认识到，在应然和实然之间，在要求和诫命履行之间，有着巨大的距离。我们正面对邪恶的奥秘；它折磨所有人，已经让每个时代的思想家为此忙碌，并驱使所有宗教和哲学去寻求救赎之路。如果现在我们的生活之律就是它们之所是，具有神圣起源和绝对有效性，那么违反这些律就具有最严肃的意义。有成千上万的人把罪看成是小问题，他们用物质、肉体、人性的有限性和局限性予以解释，并试图把它理解为人类发展过程的一个必然时刻。凡见识过道德律之威严的人，对这些理论都不能心安理得。只有一种观点能让罪为它实际之所是，并且不会借着推理（redeneeringen）而削弱它的实在或本性，那就是来自《圣经》的观点。《圣经》并不奉承人，乃是根据上帝的律法告诉人他必须之所是，以及他因罪而实际上成为了什么。罪就是"违背律法"（ἀνομία），偏离、僭越律法，我们与上帝的旨意背道而驰，"与上帝为仇"（ἐχθρα εἰς θεον）。因此，它具有彻底的伦理性。在所有宗教中，只有基督教把罪理解为纯粹的宗教伦理性，将它与一切实质（substantie）脱离，并与一切物质的恶区分开来。

然而，恰恰是罪的这种伦理本性，赋予它一种情感上（ontroerenden）的严肃性。因为如果罪是一个意志的问题，并且正如所

---

[222] Willmann, *Geschichte des Idealismus*, 3:436, 494.

有深刻自我知识所教导的那样，不只是来自一些外在、偶然的意志行为，而且来自意志的力量；又如果罪是一种从出生时就有的意志之习性（hebbelijkheid）和倾向（gezindheid），那么对于人类而言，"自我救赎"（Selbstlösung）的道路就被彻底切断了。如果肉体的心思与上帝为敌，就不能顺服上帝的律法。正如"活动紧随存有"（operari sequitur esse）的准则延续，那么必须首先改变存有，然后才会有另一种行动。如果一棵树要结出好的果实，那么它自己必须先被造为好。康德和叔本华[223]两人都觉察到了人性的深层道德败坏。他们都认识到，道德的恶依托于人之内，而非仅仅依赖于人；因此，他们也都认为"一种的重生"（eine Art von Wiedergeburt）对于从恶中解放出来是必要的。然而，他们都变得不忠于自己的出发点：康德未基于任何基础，就从**应该**推导至**能够**，仿佛"定然律令"（categorical imperative）告诉我们要做好人，我们就必定能够做到，否则"定然律令"就是世界上最不合理的事物。[224] 而叔本华认为，不自由的、盲目的意志只能决意，却可能借着对世界苦难的洞察，从自己的工作中退缩，并"否认"（verneinen）自身。[225] 凡不认识救恩是上帝之工的人必如此行。即便他们并不偏颇，承认罪真正之所是，他们依旧没有得救的可能。另一方面，如果他们坚持救赎的可能性，那么他们就不得不剥夺他们最初赋予罪恶的严重性。

同样，只有基督宗教才能调和这种对立，充分认识到人性的道德败坏和无能，并为我们开辟了一条救赎之路。不过，它所知的救赎并非人的行为，而唯独是上帝的工作。世界的延续存在、人类的历史（geschiedenis）、罪作为不应有之事物的特质、"正

---

[223] 英注：阿图尔·叔本华（Arthur Schopenhauer, 1788–1860）是一名德国哲学家。

[224] Immanuel Kant, *Die Religion innerhalb der Grenzen der blossen Vernunft* (Leipzig: Voss, 1838), 41, 50.

[225] Arthur Schopenhauer, *Die Welt als Wille und Vorstellung* (Leipzig: Brockhaus, 1887), 1:448.

义因其绝对有效性而必胜"之观念的必然性，这些都能引导我们假设有一个救赎。因为如果被造物不是预定透过再造（herschepping）而从废墟中被建立，那为什么还会延续呢？但是，如果救赎只能被理解为上帝的工作，那么它显然只能通过启示为我们所知；于是，救赎本身必须作为上帝的工作介入这个世界，并成为我们人类历史中一个不可抹除的成分。《圣经》教导我们要这样理解救赎。创造世界的神圣智慧也同样再造世界，而且维系事物存在的神圣活力（Goddelijke energie）也同样引导它们走向确定的终点。救赎的计划封存（opgesloten）在创造的计划中。由于创造是智慧的工作，它回指生发（generatie），也指向启示。启示在堕落之后就即刻开始，并历史性地发展，在基督里达到顶峰。救赎预设了启示，而启示以救赎为目标；或者确切而言，救赎本身就是启示，出自上帝隐秘的定旨而强行闯入，并将自己融入人类的历史。虽然启示有此救恩的内容，但它是对上帝创造之工的复原，而非毁灭；这创造之工已被罪所败坏。启示是一种改革之工；在再造中，创造在其所有形式和规范中得以复原：律法在福音中复原，公义在恩典中复原，宇宙在基督里复原。这就是为什么我们从《圣经》中认识到的基督宗教，在我们生活的世界里是完全自在的。虽然此再造的原因（causae）并不在于藉创造之工所赋予世界的力量，但是基督宗教还是进入这个世界，如同匹配钥匙一样与世界契合。基督是从上头来的，但祂乃及至时候满足为一个女子所生，且生在律法以下。如果罪也是一种意志的倾向，如果道德律有绝对的有效性，如果善按照它的观念注定要战胜一切的反对，那么将带来这种胜利的宗教就必须是上帝的智慧和大能，不仅在言语上，而且在行为上，不仅在教义上，而且在生活上。那么，它必须成为我们人类中的血肉之躯，而且作为一种神圣活力的工作，把自身嵌入世界，并在其中维系自身。

所以，那些想从偶然的"历史真理"（Geschichtswahrheiten）中剔除必然的"理性真理"（Vernunftwahrheiten），从事实中剔除观念，从观察中剔除概念，并想由此把基督教变成哲学体系的人，他们的努力均是肤浅的。将人类从罪中拯救出来，并在善事上通达的宗教，必须是"史实"（historie），必须存在于一系列的神圣行动中；这些行动从历史的开端延续到终结。故此，救赎不只是像观念一样盘旋在我们头上，而是它就是自己决意之所是，并实现它所预期的目标。基督教并不仅是对救恩的教义，它乃是救恩本身，由上帝在世界的历史中所引发。事实上，所有宗教中都有一种觉知，即信心和"史实"（historie）相连。它们都有自己的神谱（theogony）和天体演化论（cosmogony），有自己的神话和末世论；有时，它们把自己提升到一个世界戏剧的概念，一个光明与黑暗领域之间强大斗争的概念。然而，在基督教里，救赎一方面脱离了一切宇宙进程，另一方面是整个世界历史的心灵和灵魂、核心和本质。在这里，启示从乐园开始，历经好些世纪，在基督的位格和工作中获得其中心地位，并以世代的末了作结。这些启示的事实支持和说明我们的信心，有助于证明上帝在我们之外的自然和历史（geschiedenis）中启示自己，从而使我们的信心免于个人的专横和虚假的神秘主义。[226] 不仅如此，根据《使徒信经》的十二条信纲，这些启示的事实也是我们信心的对象和内容。因为基督徒与其他宗教信徒的区别不是只借着他更纯粹的上帝的概念，乃是借着他对永生真实上帝的信心得以区分。这位上帝创造世界，托住和统管世界；在祂里面，这个世界按照祂旨意的定旨实现了救恩本身。

这种奇妙的再造之工，在机械一元论和历史唯物主义的可怕世界体系中无一席之地。更甚的是，这些哲学不仅根切了启示，也根切了历史；许多陷入精确科学陷阱的人，否认科学和教育对历史有任何价值，这丝毫不奇怪。无论历史唯物主义在考察各种外部因素对人类的影响有如何正确之处，最终都没有人接受历

---

[226] Karl Bauer, "Die Bedeutung geschichtlicher Thatsachen für den religiösen Glauben," *Theologisch Studien und Kritiken* (1904): 221–73.

不过是一个机械进程或算数总和的结论。人受外部因素的影响，但也在施加影响。他不是被动地面对事件，而是积极地介入事件；社会是人格的必要条件，但不是人格的起源。[227] 当然，历史（geschiedenis）中也有因果连贯性；这里也适用无中不能生有的律。可是，在这里起作用的"原因"（causae），比力学和化学领域的"原因"要更复杂和众多。除了各种自然的物理原因，心理原因也浮现：理智与意志、理性与良知、脾性与激情、英姿与天赋；这些都是隐藏在人格中的因素。这些因果关系大多具有亲密和奥秘的性质，以至于人们不可能用从前提（praemissen）得出结论的方式来推断事件。即使心理学对历史学家来说是不可或缺的，但他在解释事件时，永远无法超越或大或小的或然率，以致他始终要面临着人格的奥秘。"个体的人中全然原始，只一次存在、一次使用（άπαξ λεγομενον）的事物，乃源于深不可测的事物。"[228] 即使人们拒绝接受一种可以完全任意而无动机而行的自由意志，在意志中也有一种心理因果关系在运作；此关系并非在程度上，乃是在本质上不同于物理原因。意志的自由并不排斥原因，但反对一切与它的本性相违背的原因。我们是否理解意志的这种独特本性是另一个问题，但它与物质和力量一样，同样是一种实在。

此外，历史学家和心理学家有不同的任务。如果历史研究者只有在心理层面了解了一个事件之后才描述它，那么他不仅会在细节上迷失自己，而且他的研究也永远不会结束，甚至连一个事实都不会发现。法官在确定刑罚的程度时，必须考虑罪犯的个性，但还是要在其判决的衡量中确认罪犯偏离了法律。同样，历史学家也必须找出事件的原因，但通过他的研究，必须设法达到对其中所体现之观念的认识。历史（geschiedenis）出现的条件首先是：

---

[227] Rudolf Eisler, *Soziologie: die Lehre von der Entstehung ind Entwicklung der menschlichen Gesellschaft* (Leipzig: Weber, 1903), 55.
[228] Liebmann, *Gedanken und Thatsachen*, 1:456. 英注：巴文克提供的德文引文："Das ganz Urwüchsige, nur einmal Vorhandene, das άπαξ λεγομενον in der Einzelperson stammt aus dem Unergründlichen."

事件本身相互关联；事件与普罗大众的价值观有关系，从而被所有人承认或至少被所有人熟知；事件对经济、社会和政治关系，对人类的艺术、文学、科学、道德和宗教的渴求产生积极或消极的影响；事件在战胜自然的过程中提出观念；事件增加了理型的物品、即真、善、美之物，并丰富了人类。[229]

基督教首先给了我们这种历史观：

> 历史对基督教的意义远远大于对古代世界的意义。正是基督教的信念，认为上帝已经进入时间的领域，不是作为一个苍白的反射，而是按着祂荣耀的完全丰满。因此，作为整个历史的主导中心，它必须将整个过去与自己相联，并从自身展开整个未来。这个中心事件的独特性质毋庸置疑，基督不可能再来一次，不可能再钉十字架。因此，随着无数历史周期的消失，不再有永恒周而复始之事。历史不再是一个有整齐划一之节奏的重复，而是成为一个综合的整体，一场单一的戏剧。此时，人被要求完全一次彻底的更新。这使他的生命，比单单需要展现一个已存本性之年日中的生命，有无可比拟的张力。因此，对历史和时空中生命之更高评价的根基，唯独在基督教中。[230]

---

[229] Ursul Philip Boissevain, *Wettelijkheid en Werkelijkheid* (Groningen: J. B. Wolters, 1904).

[230] Eucken, *Geistige Strömungen der Gegenwart*, 190. 参Werner Elert, *Prolegomena der Geschichtsphilosophie: Studie zur Grundlegung der Apologetik* (Leipzig: Deichert, 1911); W. Lehmann, "Glaubensbetrachtung und Geschichtsforschung in ihren Prinzipien," *Zeitschrift für Philosophie und philosophische Kritik* (1912): 81–101; Albert von Ruville, *Der Goldgrund der Weltgeschichte: Zur Wiedergeburt katholischer Geschichtsschreibung* (Freiburg: Herder, 1912); 另见拙作Herman Bavinck, *Wijsbegeerte der Openbaring* (Kampen: Kok, 1908), 95–119中的"Openbaring en Geschiedenis"一章。英注：现代英译本请见 *Philosophy of Revelation: A New Annotated Edition*, ed. Cory Brock and Gray Sutanto (Peabody, MA: Hendrickson, 2018), 第92–116页中的"Revelation and History"一章。巴文克此处引文的德文原文："Dem

然而，基督宗教并没有【让我们以忽略一切而保存此历史观的方式】[231]，为我们提供这种丰富的历史观。但基督教本身就是这段伟大历史的核心内容。如果说黑格尔相信历史中的理性和精神，并常常借着卓越的洞察力觉察神圣思想在历史中的实现，那么这就是一种源于基督教的历史观，但这种历史观也与基督教脱节；它已经失去了内涵，淡化为空洞的标语。正如基督教信仰的基本思想（grondgedachten）借着科学与自然而得以支撑，这些思想借着历史更能得到支持。每一个仔细思考这点的人就会得出如下见解：离开和缺少基督教后，就不可能有真正意义上的历史，不可能有世界和人类的历史。如果基督宗教借着从乐园以来的启示而被预备，并在基督末日第二次降临中首次达到其目标；如果这种宗教不是人类真正的救赎和世界的再造，那么相信历史是发展和进步的信念，相信历史向着一个目标奋斗并最终达至[232]上帝完成的国度的信念，就失去了一切根据。

正因如此，基督教并不敌视"史实"（historie）。相反，史

Christenthum wird die Geschichte weit mehr als dem Alterthum. Mitten in die Zeit war nach seiner Ueberzeugung das Göttliche eingetreten, nicht in mattem Abglanz, sondern mit der Fülle seiner Herrlichkeit; als beherrschender Mittelpunkt des Ganzen musste es alles Vergangene auf sich beziehen und alles Zukünftige aus sich entfalten. Die Einzigartigkeit dieses Geschehens litt keinen Zweifel, nicht immer vom neuem konnte Christus kommen und sich kreuzigen lassen; so entfielen die unzahligen Perioden, die ewige Wiederkehr der Dinge; die Geschichte wurde aus einem gleichmassigen Ablauf von Rythmen ein zusammenhangendes Ganzes, ein einziges Drama; der Mensch ward hier zu einer völligen Umwandlung aufgerufen, seinem Leben dadurch eine unvergleichlich höhere Spannung gegeben, als wo es nur eine vorhandene Natur zu entfalten galt. So liegen die Wurzeln einer höheren Schatzung der Geschichte und des zeitlichen Lebens nirgend anders als im Christenthum." 英译本引文出自 Rudolf Eucken, *Main Currents of Modern Thought*, trans. Meyrich Booth (New York: Scribner, 1912), 246。

[231] 中注：见荷文版94页。

[232] 中注：英译本此处将荷文"en op het voltooide Godsrijk uitloopt"译作"originates in the completed kingdom of God"（起源于已完成的上帝的国度）。荷文"uitloopt"有"起源"的意思，但"op...uitloopt"意思是发展至某个结局。

实在基督教中是赋予生气的观念（bezielende idee），是主导性的思想，是渗透一切的酵。基督教赋予史实以内容和形式，以意义和目标。基督教使史实成为它之所是和必须之所是。只有位于基督教根基之处的有神论世界观是正确的，才会有科学。只有自然界与《圣经》让我们认识的自然界完全一样，它才被人承认，并得到应有的地位。启示不仅照亮了历史（geschiedenis），并且以史实的方式（historisch）进入历史，从而把历史提升至其特定观念的高度，提升到上帝的一项工作，提升到天国的创始。只有这样，历史才是真正的历史。因为正如普通的人类史实超越自然，启示也超越了史实。我们不明白神圣的因果关系如何借着特殊启示在受造界中运行。就理解（begrijpen）而言，我们谦卑的程度永远不会过甚。人倾向于发现什么**是**（is）可理解事物的衡量标准，就是他**认为**（vindt）可理解事物的标准。除了这个事实，科学必须预设世界的可理解性（begrijpelijkheid）；这乃是错误的。[233] 因为认知（kennen）和理解（begrijpen）是有区别的。我们知道化学力和机械力的运作，但我们不理解它们的内在本质（wezen）。我们知道历史上有另一种心理因果关系在运行，也在一定程度上测透了人的个性，但意志的问题在这前后仍未被解决。我们相信上帝透过祂护理的常规之道（gewonen weg），在一切受造物中的内蕴之工（immanente werking），但此工的性质（aard）远超我们的理解。无学问的人和科学从业者的区别很大程度上就在于，对于前者来说，一切都不言而喻，而对于后者来说，一切都变得越来越不可思议。因此，我们面对特殊启示所面临的困难，在原则上不比我们面对普遍启示和在受造物圈子中所遇之困难更大。"这些启示的效果如何能与自然的因果联系共存的困难，不比精神生活如何能介入自然生活的难度更大，也不比意志如何加入（einzureihen）自然机械因果链的难度更大。"[234]

---

[233] Johannes Reinke, *Die Welt als That* (Berlin: Paetel, 1903), 7, 45, 64, 296, 327.
[234] Richard H. Grützmacher, "Die Forderung einer modernen positiven Theo-

我们只知道：一个公正地对待世界的合一性和多样性的世界观，会为特殊启示存留空间，而只有从机械式世界观出发，才可能反对这种世界观；机械式世界观将使我们失去一切精神的和理型的事物。于是，我们只能二择其一：要么机械观是正确的，但这样一来，不仅没有为神迹（wonder）存留空间，而且也没有为心理因果性、理性和意志、良知和自由留有余地；要么唯独有机观回应世界的多样性和丰富性，如此一来，不仅为人的个性存留空间，且为上帝在祂一切受造物中的主权和自由的运行留有余地。

按照这种观点，有不同的实质（substantiën）和力（krachten），有不同的原因和律。由于有不同的力，所以它们运作的律和发挥的果效也不同。这里并未缺少律（wetteloos），也没有什么事是毫无原因就发生的。上帝已经为万物设立了秩序，因为上帝在祂被造物的所有领域里，都是一位有秩序的上帝。但是，同样的律并不适用于一切；这些律对于自然和历史，对于科学和艺术，对于律和道德都有所不同；尤其是在宗教领域，它们具有特殊的性质。在自然界和历史中，我们在缺少形而上学的情况下已无法前展：如果真、善、美在上帝那里没有它们的"原型"（Urbild），那么它们就失去了它们的绝对性质。然而，最重要的是，宗教教导我们与上帝有关的事，使我们与上帝接触。有许多宗教的心理理论或历史理论，似乎其中并无一个有条件解释宗教的起源，也无法

---

logie unter Berücksichtigung von Seeburg, Th. Kaftan, Bousset, Weinel," *Neue kirchliche Zeitschrift* 15, no. 6 (June 1904), 451. 英注：巴文克引用的德文原文： "Die Schwierigkeit, wie diese Offenbarungswirkungen mit dem natur-bedingten Kausalzusammenhange bestehen können, ist nicht grösser als die, wie das geistige Leben einzugreifen vermag ins natürliche, wie der Wille sich einzureihen vermag in die Kette der natürlich mechanischen Ursachen." 参 Richard H. *Grützmacher, Studien zur systematischen Theologie*, vol. 2, *Heft. Hauptprobleme der gegenwärtigen Dogmatik; Die Forderung einer modernen positiven Theologie* (Leipzig: A. Deichert, 1905), 94 。

理解宗教的本质；[235] 宗教预设了上帝的存在、启示和可知性。[236] 尤其是基督宗教，更是如此。基督教在旧约的预备和新约的成全中，使我们知道上帝之爱的特殊启示；若无此启示，基督教就无从解释，也无法维持。凡渴望证明这一点的人，仍可以从布来梅（Bremen）的讲道者卡尔特夫（Kalthoff）[237] 那里受教。他近几年为以一个更佳的历史方法之名抗衡自由神学，也为了一个自由和自主的宗教之故，抗衡"教授们的基督（Professorenchristus）——不同大学所论述的基督各有不同"[238]，却不断向人们宣告基督就是理型的模范，是道路、真理、生命。[239] 然而，《圣经》所言说的这特殊启示，与自然【和历史（geschiedenis）】的冲突是如此之小，以至于《圣经》更愿意赋予它们适当的地位和意义。特殊启示与今天许多人强加在自然和历史上的先验式、机械式理论相冲突，可是与自然和历史本身并不冲突。正如自然中的因果联系并不妨碍史实中另

---

[235] Karl Girgensohn, *Die Religion, ihre psychischen Formen und ihre Zentralidee* (Leipzig: A. Deichert, 1903).

[236] 参Herman Bavinck, *Christelijke wetenschap* (Kampen: Kok, 1904), 75。

[237] 英注：阿尔伯特·卡尔特夫（Albert Kalthoff, 1850–1906）是一名德国神学家。他与布来梅（Bremen）的"德国一元论者联盟"（Deutscher Monistenbund）有所关联，并否认耶稣是一位历史人物。

[238] 英注：巴文克提供的德文引文："Professorenchristus, der auf der einen Universität wieder anders aussieht als auf der andern."

[239] Albert Kalthoff, *Das Christusproblem: Grundlinien zu einer Sozialtheologie* (Leipzig: Diederichs, 1903); Kalthoff, *Die Entstehung des Christentums: Neue Beitrage zum Christusproblem* (Leipzig: Diederichs, 1904); Kalthoff, *Was wissen wir von Jesus? Eine Abrechnung mit Professor D. Bousset in Göttingen* (Berlin: Lehmann, 1904). 继"历史性的耶稣"失败之后，［人们］又进行了"神话的基督"的尝试。它由各种犹太、希腊和东方元素融合而成。亚瑟·德鲁斯（Arthur Drews）借着其著作*Christusmythe* (Jena: Diederichs, 1909) 风靡一时，可是已成明日黄花。关于此场辩论，见H. M. van Nes, *Historie, mythe en geloof: Jezus Christus in de hedendaagsche Wetenschap* (Leiden: Brill, 1912); B. B. Warfield, "Christless Christianity," *Harvard Theological Review* 5, no. 4 (October 1912), 423–73; K. Dunkmann, *Der historische Jezus, der mythologische Christus und Jezus der Christ* (Leipzig: Deichert, 1910); Franz Xaver Kiefl, *Der geschichtliche Christus und die moderne Philosophie: Eine genetische Darlegung der philosophischen Voraussetzungen im Streit um die Christusmythe* (Mainz: Kirchheim, 1911)。

一种更高形式的因果关系的出现，人世间的因果联系也不妨碍特殊启示中神圣因果关系的出现，也不妨碍此神圣因果关系按照自己的方式并根据自己的律去运行。

当我们从目的论的角度来看时，与有机因果世界观完全一致的事物就会更加清晰可见。因为道德世界的秩序向我们大声宣告，它在价值上远超自然。如果一个人获得全世界，却失去他的灵魂，这对他有何益处呢？一切都从属于善的凯旋，即从属于上帝之名的荣耀。正如自然界和历史告诉我们，在上的总是让在下的服务，所以"目的因"（causa finalis）使一切"动力因"（causae efficientes）、机械与有机的、物理与心理的，都成为服务于自我实现（verwezenlijking）的工具。按照整个宇宙的有机目的论（organisch-teleologische）之世界观，恰是神圣活力（Goddelijke energeia）使一切受造物的力量都从属于它自己。沿着普遍或特殊启示之道，神圣活力破入被造有机体（scheppingsorganisme）的各个接合点，维持和治理它，并把它引向既定的终末。因此，我们相信，并不绝望。罪并没有打破上帝的能力，而是让它有更丰富的启示。世界计划（wereldplan）在救赎计划（verlossingsplan）中继续进行。虽然历史向我们展示了诸多无序和倒退，但它仍然朝着有关基督的未来前进。上帝执行祂的定旨，而我们照祂的应许，盼望新天新地，有义居在其中。

我们的"合理的宗教"（redelijke godsdienst）为我们提供了这种世界观。借此，我们与本世纪的思想和所做的努力壁垒分明。用单一公式概括这思想与努力无论有多困难，一些特征仍可从中得以清楚辨认。首先，我们在每个地方和每个领域中，都可清楚发现对所存在事物，对基督教与教会，对法律与道德，对科学与艺术，对家庭、国家和社会的极大不满。到处都在呼唤和寻求一个新宗教、新教理、新道德、新科学、新艺术、新婚姻、新刑法、新社会。现代生活的第二个特点就是人们处处试图回到最后的要素，回到最初的组成部分，回到所谓积极的、无可争议的事实。因此，在"知识论"（Erkenntnisstheorie）中，这就是回到最简单的、非复合的感知。在自然中，这就是回到原子；或者说，由于这些原子只是假设性地存在，所以要回到活力（energieën），而整个世界在其中都可以得到解答。在家庭、社会或国家中，这就是回到个体；或者说，由于这些个体也是复合的，所以要回到冲动（driften）和本能（instincten）。最后，所追求的就是要用这些原始元素来建构一个新的、更好的世界。在科学中，只有简单的感知被认为是完全可靠的；但无论是以机械方式通过大脑组织，抑或出于需要和为了实践动机之故，人类从这些感知中逐步建立各种表征、概念和世界观；它们在现实中没有相关物，可是由于人类精神的组织而成为必要。在我们感官所观察的世界中，活力是最后的真实组成部分，我们不能在其之后再退一步。然而，由于被迫或出于所需，人们从这些活力中形成一个世界合一体（wereldeenheid）、一个自然界；它没有客观的实在，只存在于人的精神中。最后，在伦理学中，正是本能逐渐召聚人们，在婚姻和家庭、社会和国家中共同生活，并使他们按照一定的准则行事，却没有一个与这些制度或规则相对应的客观观念。于是，到处都是创造出"非我"（niet-ik）的"我"（ik），都是既不承认有在上权柄，且认为自己是完全自主的人，都是试图驱逐实在论（realisme）之最后残存的唯名论。借着各种方式，"面向权力的意志"（der Wille zur Macht），"我想"（ik wil），都高举自我来反抗"你要"（gij zult）。不仅在宗教中，而且在道德、法律、家庭、社会、国家，甚至在自然界和科学中，受律的约束都会被认为是强迫性的。按照逻辑律来思考，视自然界受独立于自然的律支配，并承认真理是一种凌驾于自身之上的力量，且这力量只能按特定的方式才可找到，这些似乎都与现代自主之人不相称（onwaardig）。

基督教世界观竭力反对的正是这种自主和无政府状态。按照该世界观而言，人不是自主的，而是随时随地都受律的约束；这些律不是人发明的，乃是上帝为他所规定的，作为人生活的准则。

在宗教和道德、科学和艺术、家庭、社会和国家中，到处都有凌驾于人之上的观念和规范。这些观念和规范相互形成了一个合一体，并在宇宙的**创造者**和**律的制定者**那里有其起源和存在。这些规范是理型的财富，被托付给人类，是一切社会体制机构的基础。它们不仅是我们认知（weten）和认识（kennen）的基础，也是我们决意和行动的基础。它们在学术界有权威（gezag），在生活中亦然。它们对于我们头脑与内心而言是权柄，对我们的思考和行动而言亦然。当人的自主性打破了主体与客体之间的联系，从而在原则上使一切都陷入混沌之时，正是神治（theonomie）——如《圣经》所教导我们的那样——赋予所有受造物以恰当的地位和真正的意义。于是，没有人和事可以独善其身。没有一个受造物是自主的，无论男女，无论父母或孩子，无论政府或百姓，无论主人或仆人，无人可随心所欲。人人都受上帝之律的约束，各司其职，各就其位。他们共同生活和工作，彼此命定，彼此约束，不是因着契约或任意的意志，不是透过强迫或必要性（nood），而是按照上帝的命令。神圣思想与律是一切受造物的基础和规范、物品和财富、联系和组织。我们要在理智和心灵、思考和行动上符合这种生活，也就是在最深的意义上符合上帝儿子的形像；这就是人类的理想和天命。

在维护上帝的话语和律之客观性的过程中，所有基督徒都是一致的，且应在这时代齐心协力。因为当前的争战不是关于教宗或宗教议会的权威，也不是关于教会或认信的权威，甚至对无数的人来说，也不再是关于《圣经》或基督位格的权威。尽可能地从原则的角度来看，正在讨论的问题是：是否还有一些权威和律，人类要受其约束。那就是我们所有人所见证的"重新评估"（Umwertung）；其中的演化（evolutie）就在我们眼前发生。在这场斗争中，每位认信基督教的人都应聚集在真理之王的旌旗下。

然而，这并不能改变这样一个事实，即基督徒之间有意见分歧；除了其他要点，尤其是在客观真理必定成为我们的主观所有物之方法（wijze）上，意见不一。特别是基督公教，日复一日地指控宗教改革是主观主义和个人主义、自治和无政府主义的实际源头；这些主义如今应用于各个领域。首先正式表述这种自主性的伊曼努尔·康德，因而被基督公教信徒称为"新教的哲学家"（philosoof van het Protestantisme）。[240] 但这一说法虽然得到左派的强烈支持[241]，但与历史仍直接冲突。因为每一公正的法官都会承认，抗议本身根本不需要得出自主的原则。先知们生活在对人民的不断抗议中。耶稣以律法和先知之名抗议古人的传统，抗议人的诫命。凡将所有抗议都归结为自主和无政府主义的人，就会放任虚假与不义，也必定谴责一切改革为鬼魔的工作。一切都归结为一个问题：以谁的名义和针对什么而进行抗议？那么毫无疑问，宗教改革从一开始就是以基督和祂使徒们的话语的名义，抗议基督公教教会在教义和生活领域的偏差。它在原则上不同于人文主义。它对来自意大利并继续往外延伸的不信竖起了一道屏障，及至后来与基督公教一样，抗衡"启蒙运动"（Aufklarung）。这个"启蒙运动"在新教国家并不强势，也没有获得比基督公教信徒更多的追随者。启蒙运动也不是从宗教改革来解释，乃是由于背离宗教改革原则所致。因此，康德与马丁路德不能同日而语。他们各自在完全不同的思想圈子里活动。对康德而言，基督教的伟大真理几乎全被

---

[240] Willmann, *Geschichte des Idealismus*, 2:574, 3:345, 400; Albert Maria Weisz, *Die religiöse Gefahr* (Freiburg: Herder, 1904), 40. Josef Müller, *Moralphilosophische Vorträge* (Würzburg: Ballhorn & Cramer, 1904), 30; Michael Glossner, "Kant der Philosoph des Protestantismus," *Jahrbuch für Philosophie und spekulative Theologie* (1907): 1. 尤其是海因里希·丹尼佛（Henrich Denifle）他那偏颇的史学著作 *Luther und das Luthertum*, vol. 1 (Mainz: Kirchheim, 1904)。在本国（荷兰）里，H. H. Kuyper, *Het zedelijk karakter der Reformatie gehandhaafd tegenover Rome* (Kampen: Kok, 1912) 反驳了丹尼佛的观点。

[241] Friedrich Paulsen, "Kant der Philosoph des Protestantismus," in *Philosophia militans: Gegen Klerikalismus und Naturalismus* (Berlin: Reuther und Reichard, 1901), 31–83; Julius Kaftan, *Kant, der Philosoph des Protestantismus* (Berlin: Reuther und Reichard, 1904); Otto Flügel, *Kant und der Protestantismus* (Langensalza: H. Beyer, 1900).

抛弃，马丁路德却在其中找到自己的力量与平安。就内容而言，康德的信仰就在理性主义三部曲之中。康德并不是宗教改革之"新教的哲学家"，而是"启蒙运动"的哲学家；他不是与马丁路德志同道合之士，乃是卢梭之流。[242]

然而，基督新教对康德的判断，将在一方面与基督公教对康德的判断有所不同。理性主义和超自然主义认为宗教真理在理性上是可以证明的，并将这种基于这些证据的证明作为对宗教信仰的赞同。康德反对理性主义和超自然主义，认为按此理性方式处理的教义，失去了宗教真理的特质，并且依附于教义的理性赞同不可能是一个真正的、【荣福直观的（zaligmakend）】信心。就这样，康德以自己的方式重新解释了一种本来就源于宗教改革的思想。宗教不是一种可以用理性证明的教义；【越是接受宗教所配得的，它所涵盖的奥秘就越多】[243]。宗教也不是一个行为，仿佛径直赋予我们的义务可以升华我们的道德无能，并开辟一条救赎之路。宗教也不是一种浪漫的情调，一种审美的心境，一种装饰我们人性的手段，仿佛上帝是为了我们，而不是我们为了祂。宗教的意义不止于此。宗教与这一切都不同，也高于这一切的总和。宗教是要尽意、尽心、尽性、尽力服侍上帝，使自己成为上帝所喜悦的圣洁活祭；它是无条件地相信上帝是我们救恩的磐石，是我们在永恒中的份。真理是客观的，它独立于我们而存在；它并

---

[242] 比较Bruno Bauch, *Luther und Kant* (Berlin: Reuther und Reichard, 1904)与Ernst Katzer, *Luther und Kant* (Giessen: Töpelmann, 1910)。特洛尔奇（Troeltsch）间接支持了以上看法，因为他在 "Protestantisches Christentum und Kirche in der Neuzeit," in *Kultur der Gegenwart*, ed. Paul Hinneberg, 1.4.1:253-458 (Berlin & Leipzig: B. G. Teubner, 1906)中（增订版于1909年出版，页数更动为431-755页），区分了旧与新的基督新教，并且他在后者（而非前者）中看到了时代的实际转折点。这种解读引起了广泛的讨论，参Horst Stephan, *Die heutigen Auffassungen vom Neuprotestantismus* (Giessen: Töpelmann, 1911)。英注：让·雅克·卢梭（Jean-Jacques Rousseau, 1712–1778）是一名日内瓦的哲学家与作家，对18世纪的政治、经济、教育哲学皆有影响。

[243] 中注：见荷文版106页。

非自行导向（richt）我们，而是我们必须导向它。但正如上帝的智慧在基督里成了肉身，真理也应进入我们。在自由的道路上，真理必须成为我们个人和属灵的财产。透过又活又真的信心，【真理必须转化为（omgezet）我们自己思考和行动的组成部分（bestanddeel）】，然后传播到我们之外，直到全地都充满主的知识。这就是宗教改革所希望的。因为在这场强有力的宗教运动中，改革宗认信清楚地阐述了这一切，所以对我们来说，改革宗信仰是最纯粹的，它的世界观最适合我们这个世代的崇高愿景和迫切需求。

索引

一般索引

absolute being ｜绝对存有 101, 116
Apostle's Creed ｜《使徒信经》138
apriorism ｜先验主义 65
atheism ｜无神论 73, 89, 109, 134
conscience ｜良知 10, 30, 39, 76, 124, 126, 132, 139, 143
Darwinism ｜达尔文主义 13, 29-31, 111, 122, 134
empiricism ｜经验主义 79-80, 84
evolution ｜进化论 12-13, 28, 30, 74, 111, 117, 126, 129, 132
Free University of Amsterdam ｜阿姆斯特丹自由大学 43, 47-48, 62
general revelation ｜普遍启示 53-55, 57, 142
historie ｜史实 138, 141-142, 144
pantheism ｜泛神论 09, 19, 26-31, 35-37, 40, 73, 88, 102, 110, 130, 134
rationalism ｜理性主义 08, 37-38, 50, 80, 113, 120, 125, 149
realism ｜实在主义 72, 81-82, 103, 146
re-creation ｜再造 67, 89, 95, 137-138, 141
Reformation ｜宗教改革 01, 08, 22, 26, 28, 38, 58, 148-150
Romanticism ｜浪漫主义 71, 73, 128
socialism ｜社会主义 73, 128, 130
special revelation ｜特殊启示 55, 58, 142-145

人名索引

Aristotle ｜ 亚里士多德 51, 91, 104, 111-112, 122
Augustine ｜ 奥古斯丁 03, 88
Comte, Auguste ｜ 奥古斯特·孔德 92, 98
Darwin, Charles ｜ 查尔斯·达尔文 12, 35, 74, 122
Descartes, René ｜ 笛卡尔 02-04, 08, 22, 31, 51, 110
Hegel, Georg Wilhelm Friedrich ｜ 格奥尔格·威廉·弗里德里希·黑格尔 03, 08, 22, 25, 27, 31, 38, 46, 51-54, 56, 74, 91, 93-94, 98, 135, 141
Kant, Immanuel ｜ 伊曼努尔·康德 03, 08, 22-24, 44-45, 50-51, 53, 55-56, 63, 87-88, 92, 98, 111-112, 125-127, 129, 132, 135-136, 148-149
Kuyper, Abraham ｜ 亚伯拉罕·凯波尔 02-03, 47-49, 53, 63
Leibniz, Gottfried Wilhelm ｜ 戈特弗里德·威廉·莱布尼茨 113
Luther, Martin ｜ 马丁路德 01, 39, 148-149
Marx, Karl ｜ 卡尔·马克思 44, 73, 130-131
Newton, Isaac ｜ 艾萨克·牛顿 51, 111, 121
Nietzsche, Friedrich ｜ 弗里德里希·尼采 44, 54, 73-74, 83, 85, 87
Plato ｜ 柏拉图 13, 51, 103-104, 111-113, 121-122
Renan, Ernest ｜ 欧内斯特·勒南 62, 72-73
Rousseau, Jean-Jacques ｜ 让·雅克·卢梭 26, 149
Schleiermacher, Friedrich ｜ 施莱尔马赫 09, 26, 31-32, 38, 46, 53, 56, 94, 98, 135
Schmidt, Ferdinand Jacob ｜ 斐迪南·雅各·史密特 88
Schopenhauer, Arthur ｜ 阿图尔·叔本华 136
Spinoza, Benedict de ｜ 本尼迪克特·德·斯宾诺莎 02, 04, 22, 24-26, 74
Thomas Aquinas ｜ 托马斯·阿奎那 58, 110
Troeltsch, Ernst ｜ 恩斯特·特洛尔奇 149
von Hartmann, Eduard ｜ 爱德华·冯哈特曼 28, 102
Willmann, Otto ｜ 奥托·维尔曼 90

www.ingramcontent.com/pod-product-compliance
Lightning Source LLC
Chambersburg PA
CBHW021151080526
44588CB00008B/300